青春期突围

成长型父母的进阶课

周瑾 —— 著

中国纺织出版社有限公司

图书在版编目（CIP）数据

青春期突围：成长型父母的进阶课 / 周瑾著.
北京：中国纺织出版社有限公司, 2025.7. -- ISBN
978-7-5229-2774-9
Ⅰ.G782
中国国家版本馆CIP数据核字第2025V8H739号

责任编辑：李凤琴　　责任校对：高　涵　　责任印制：储志伟

中国纺织出版社有限公司出版发行
地址：北京市朝阳区百子湾东里A407号楼　邮政编码：100124
销售电话：010—67004422　传真：010—87155801
http://www.c-textilep.com
中国纺织出版社天猫旗舰店
官方微博 http://weibo.com/2119887771
北京华联印刷有限公司印刷　各地新华书店经销
2025年7月第1版第1次印刷
开本：710×1000　1/16　印张：14.5
字数：185千字　定价：59.80元

凡购本书，如有缺页、倒页、脱页，由本社图书营销中心调换

前言

让青春期成为亲子关系的新起点

那年冬天,一位母亲找到我说:"老师,昨天上午我和女儿发生了争执,然后她把房门反锁了,送进去的饭也只吃了几口。她前两年还跟我有说不完的话,可现在……"类似的事情,在我当教师的三十多年里,遇到过无数次。

这些担忧和焦虑的父母,他们会在家长会结束后悄悄留下来说"我说什么他都嫌烦";会在办公室红着眼眶问"怎样才能控制玩手机";也会焦急地问"怎样提高学习成绩";还会担忧地问"怎样才能做到夫妻教育孩子的观点一致"。

这些父母不是不努力,只是在用过去的方法面对青春期的孩子,就如拿旧钥匙开新锁,虽然明明满心是爱,却走不进孩子心灵的门。

青春期孩子的剧烈变化不是变幻莫测,而是他们快速生长的表现。当家长们在焦虑:孩子紧闭的房门、与家长激烈的顶撞、莫名的眼泪的时候,其实孩子们也正在经历人生的大考。

他们开始用批判的眼光看世界,所以会质疑父母的"经验之谈"。

他们渴望建立独立人格,所以会刻意与父母保持距离。

他们的情绪像过山车,是因为控制情绪的大脑还没有完全成熟。

作为父母,我们如何应对青春期孩子出现的问题?我们不需要成为心理学家,但要读懂孩子成长的密码;我们不需要完美,但要愿意和孩子一起成长,只要你有变化,孩子就能感知,就会做出改变。

这本书呈现了从一千多个真实案例中提炼出的育人方法,具有很好的操作性,同时通俗易懂地介绍了背后的底层逻辑,这样有助于家长在面临新问题时灵活运用。

这本书的核心是"成长",您会发现当您用成长的观点看待孩子,就能帮助他们突破青春期的困境,快速平稳地成长;当您开始用"成长型"的视角重新解读和帮助孩子的行为,孩子的各种问题就会变得容易解决,您也将成为优秀的父母。

书中六个阶梯式解决方案,将带您蜕变成长。

找对方法:帮助您从"灭火队员"转型为"成长教练"。

学会沟通:让亲情变得更温暖,也奠定其他教育的基础。

调节情绪:与孩子共情,应对彼此情绪的剧烈变化。

品行升级:在日常小事中播种优秀品格的种子,把握今天,为未来奠基。

激发动机:唤醒孩子的学习内驱力,掌握提升成绩的方法。

关注交往:帮助孩子交到真朋友,正确应对"早恋"和"霸凌"。

您是否想过,我们究竟要培养什么样的孩子?

首先帮助他们迎接当下的挑战,跃过升学的门槛,同时能够为孩子一生的奔跑储备能量。

这两者都是为孩子的"终身发展"奠基。

"终身发展"的基石是"做人"和"做事",可以把它们比喻成两座紧密相连且有一定重合的冰山。

"做事"的冰山,海平面上能看得见的是学习成绩和坚持学习等行为,水面下支撑这些的是孩子的学习方法、动力系统与学习者特质。我们见过太多案例,那些成绩不好、"游戏成瘾"的学生,根本原因是没有目标追求,缺乏内驱力。

"做人"的冰山表面是行为举止,深层却是孩子的观点、期望、应对方式等。我们发现简单地"纠正"孩子的行为,效果常常不理想,当转向"唤醒"内在的情感价值时,改变会自然发生。

虽然这两座冰山有各自的内容,但有很多是相通的。如当孩子希望被认可，并有期待和目标时，他们会在很多方面积极向上，孩子会进入自我进取状态，他们会严格要求自己，努力学习。

教师和家长多在这些方面下功夫，帮助孩子打好"终身发展"的基石。

本书是为青春期孩子家长量身定制的成长指南，既是助力青少年成长的实操方案，也是帮助家长提高认知的成长方案。

这本书同时推荐给我的同仁——中学教师。家长是我们的同盟军，当家长遇到难题时，需要我们给予有效的指导，同时，学校教育与家庭教育的理念和方法是相通的，书中的一些内容也适用于我们平时的教育。

还有部分内容也可以让孩子们阅读。

当我写这本书时，我的头脑里浮现出那些青春洋溢的学生以及家长们殷切的目光，这些是支撑我写这本书的原动力。

真诚地感谢我的同伴给我的帮助和支持，感恩领导对我的指导和引领，感谢我的编辑的鼓励和坚持。

感谢申明海校长！感谢秋叶大叔团队！感谢家人！也把这本书献给我的外婆和父母！

一位始终在路上的教育工作者

周瑾

2025 年 5 月于北京

目录

第一章
解码青春期：从焦虑家长到成长导师 / 001

您的孩子正在经历"心理换骨期" / 003

重新定义青春期的真相 / 007

"成长型思维"是家长的必修课 / 014

优秀父母都在用的教养法 / 018

"优秀家长"应该有什么特质 / 022

第二章
有效沟通：用智慧对话代替说教 / 029

"成长性"沟通：从对抗到对话 / 032

与孩子对话的黄金法则 / 034

当孩子抱怨时，家长应对的基本策略 / 041

青春期亲子沟通难在何处 / 045

如何用好"成长性沟通" / 050

选择合适的沟通时机 / 054

第三章
情绪管理：接住孩子的情绪比纠正对错更重要 / 063

丰富多彩的情绪，是喜还是忧 / 065
掌握"激素"密码，顺利开启青春期 / 068
支持"独立意识"，适当调整情绪 / 071
强化情绪控制的薄弱环节，让孩子变成熟 / 075
调控"压力山大"，让活力在最强期间 / 081
面对问题，家长如何控制情绪 / 086
孩子发火，家长如何破解 / 092

第四章
品行升级：用微习惯撬动人生格局 / 097

5种基本方法，奠定品行基础 / 100
培养责任感，打下做人的根基 / 105
帮助孩子搭建"理想"大厦 / 112
"纪律"不是"紧箍咒"，而是"安全岛" / 118
培养"小习惯"，塑造"大人生" / 125
成为阅读高手，让品德和知识双丰收 / 130

第五章
激发内驱力：让孩子成为学习高手 / 139

学习高手是怎么炼成的 / 142
变"要我学"为"我要学" / 145
建立学习信心，激发内驱力 / 150
闭环学习法：高效学习的底层逻辑 / 156

预习：学习高手的秘密武器 / 158

高效听课，成为驰骋课堂的"学霸" / 162

"学霸"不外传的高效作业法 / 167

用好错题本：撬动成绩的杠杆 / 173

自主学习，成为"学霸"的必要条件 / 177

第六章
关注社交：培养孩子的社会能力 / 185

青春期交往是影响一生的隐形生命线 / 187

帮助孩子进入合适群体很重要 / 191

面对早恋，多种方法并行 / 198

学会分手，尊重别人，保护自己 / 206

面对欺凌，如何坚决地说"不" / 208

"小霸王"孩子的教育有章可循 / 217

第一章

解码青春期：从焦虑家长到成长导师

孩子进入青春期后，他们的个子快速增长，力量迅速增强，父母们常常为此而高兴。同时，孩子也会出现情绪不稳定、行为叛逆、学习成绩不理想、迷恋手机，甚至厌学等一些现象，家长常常为此而担忧、烦恼、焦虑……

家长的心情，我非常理解，三十多年来，我遇见过大量处于困惑中的家长，也帮助他们走出困惑。

作为父母，大家非常明确地知道中高考对孩子未来的重要作用，但又没有学过教育青春期孩子的方法，也没有学过怎样帮助孩子提高成绩，同时还没有教育经验，所以教育孩子困难也就可想而知了。

心理教育专家林崇德曾经说过："有不少人问我，从小学生到博士生教育，哪个阶段学生最难教？我会毫不犹豫地回答："中学阶段，特别是初中生！因为他们有时候软硬不吃，刀枪不入。"

然而，**如果教育方法恰当，青春期实则是孩子迈向优秀和卓越的关键时期。**

正因如此，很多家长希望通过学习，提升对青春期孩子的教育能力。

可喜的是，无数实践证明，教育青春期孩子的方法是可以学会的。如果更新教育理念，掌握正确方法，不仅亲子关系融洽，还能提升孩子的综合素养，既能使孩子成绩提升，经受中高考的考验，又能为以后的持续发展奠定基础，同时家长也在其中获得成长。

您的孩子正在经历"心理换骨期"

学生尹涛原本积极向上,但初一下学期开始情绪低落、学习下滑,还影响其他同学学习,并经常请假不到校。老师通过了解发现,他与父母关系紧张,由于家长经常对他的各种行为进行批评,他非常气馁,感觉自己一无是处,没有希望。虽然老师给他鼓劲,但是孩子仍然打不起精神。

于是,班主任约请他的父母到校。父母对孩子的各种行为非常困惑,对他们之间的关系很苦恼。

我和家长一起分析孩子的行为,帮助了解哪些是青春期的特点,哪些是需要改正的行为,讨论教育方法,并向父母介绍沟通技巧。

父母受到触动,回家后开始改变态度,用具体的方法帮助孩子,家庭氛围得到改善。后来尹涛在学校表现明显好转,学习成绩提升。后期,尹涛父母遇到问题会主动请教老师,整体情况积极向好,家长对此感到很欣慰。

尹涛的父母之所以与孩子发生这么大的冲突,一个很重要的原因是他们既不了解孩子已经进入青春期,也不了解青春期孩子的特点。因此他们仍然用教育童年期孩子的方法来判断孩子的思想和行为,把青春期容易出现的行为误认为是孩子的"不好""没有希望",让孩子和家长都对彼此失去信心。这种状况,如果不能及时得到纠正,就会引发我们意想不到的结果。

所以,家长要先了解孩子是否到了青春期?青春期孩子有哪些特点?以下是几位家长对自己孩子的描述。

"昨天我跟我儿子吵了一架,最近他越来越不听我的话了。"

"我女儿才上五年级,现在每天臭美得不行,非要我给她买一套颜色很暗的衣服。我说不适合，她跟我赌了半天的气。"

"愁死了，都上初二了，我儿子还像孩子一样，打游戏，跟比他小的孩子玩。"

有的家长问，是不是孩子到了青春期？有的家长问，为什么我的孩子还没有到青春期？

一、青春期什么时候开始

从以上几个家长的对话，我们可以看出，每个孩子青春期的开始时间是不同的，但是有一个大致的年龄段。

"青春期"是美国心理学家在一百年前提出的。他们发现，这个时期的孩子处于人的生长发育的一个特殊时期，在生理和心理上有一些明显变化。

以前认为，青春期一般在12~18岁。随着社会的发展，营养状况和卫生条件的提升，环境刺激的增加，整体青春期到来的时间提早了。美国心理学家认为从10岁开始，鉴于我国情况可能平均晚一年，一般来说，女孩子进入青春期比男孩子早1~2年。家长发现，小学六年级和初一年级很多女孩子身高比男孩子高，但是到初二和初三的时候情况往往发生变化，男孩子发育加快，到初中毕业时，男孩子在身高上绝对超过女孩子。

孩子青春期开始时间大概在小学高年级和初一，叛逆初显萌芽，叛逆高峰期一般从初二开始。

由于孩子在校学习时间的增加，进入社会的时间延后，孩子青春期的结束时间也延迟了。有一种观点认为会在22~25岁结束，也就是大学或者硕士毕业。

二、怎么判断孩子进入了青春期

青春期到来有很多身心变化的标志，这里介绍家长能够观察到的几个明显标志和特点。

身体突然长高。一年之内，孩子长高10厘米左右，很多孩子的身高赶上了父母，这让孩子从仰视父母到与父母身高平等，更有些孩子开始俯视父母了，孩子有了自豪感。这些变化给他们增加了平等要求的底气。

男女生性征出现。女孩子来月经，男孩子出现遗精、声音变声等。这些变化使他们一方面恐慌，另一方面有成人感。

以前听话的乖孩子，突然更多地提出自己的想法，有的孩子开始叛逆了。有的顶撞家长。

同学在他们的交往中显得更重要。他们常说"同学说……"，这是他们在寻找同伴的认可。

他们开始有意识地注重打扮，穿夸张的衣服，关注发型，别人的夸奖和批评，他们也会很在意。

其实，还有很多青春期现象。例如，男孩女孩开始倾慕对方。只不过有些现象是孩子内在的情感，不太容易辨认。

青春期到来身体出现的第二性征现象，如图 1-1 所示。

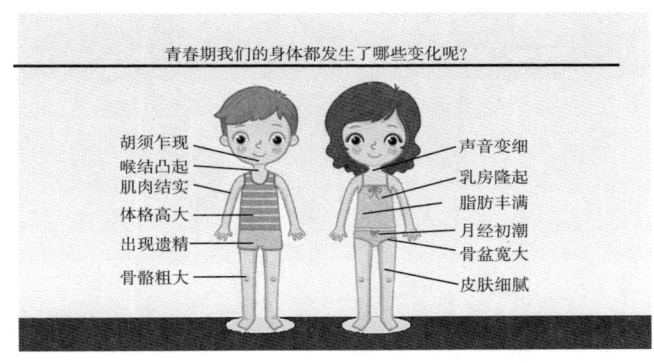

图1-1　青春期到来身体出现的第二性征

三、晚一些进入青春期好吗

有的家长会说，青春期来晚一点，不会有早恋现象，有利于孩子关注学习。事实证明，早一点进入青春期，孩子更成熟，更能理解自己的责任，更能有效地控制情绪，更容易专注学习，并且在目前对孩子综合素质要求高的情况下更加明显。相反，如果成熟得过晚，则不利于孩子融入群体。总体来说，比平均水平稍微成熟一点，更有利于孩子目前的学习和生活。

整体来看，初中女孩子进入青春期早，在学生学习的关键时期，思想等方面比男孩子成熟，能更早地明确自己的目标，更用功学习。而此时的男孩子，部分还沉迷玩游戏、打球，会导致一些方面的落后。

据国家相关数据统计，目前在校的大学生数量，不管是本科生，还是硕士生或者博士生，都是女生多于男生。

因为知道了青春期需要孩子更成熟一些，教师和家长在教育孩子的过程中，要通过一定的方法，帮助孩子尽快成熟起来，在一些方面对待青春期孩子要像对待成人一样交往，而不要常常说："他还是个孩子。"在目前竞争激烈的情况下，成熟早一些有利于孩子的生存和发展。

重新定义青春期的真相

青春期孩子有哪些特点？青春期会给家长们带来什么困惑呢？

前不久，北京师范大学对家长进行了一个广泛调查。在家长最关心的事情排序中，排在第一的是怎样提高孩子的学习成绩？排在第二位的是孩子逆反，怎样与孩子沟通？

家长们常常在这两个方面下功夫，有的通过家长努力，孩子会有很大进步。但是，很多家长虽然做出了努力，得到的却是挫败感，孩子越来越逆反，更不好沟通，学习成绩也没能提高，有的甚至下降。

家长们多么希望找到一个有效方法，能够达到事半功倍的效果啊！

一、青春期孩子为什么会逆反

青春期是人的一生中发育最快的两个时期之一，第一个时期是3岁前。第二时期是青春期，在青春期这个阶段，他们就如小麦拔穗一样，生长突然变快。

青春期的孩子心理和生理发生变化，是由于身体内的物质和结构变化产生的。

从青春期开始，激素分泌加快，造成了他们身高体重迅速增长，生殖系统发育加快。

对孩子思维、情感影响最大的是神经系统发育增速，孩子分析问题的能力、解决问题的能力增强。所以，他们自己觉得有"本事"了，不像儿童那样以父母和老师的判断为标准，希望什么事情自己说了算，希望表现自己的"独立性"。

有的孩子为了显示自己，故意不听家长的。你让他朝东，他就朝西，与家长的这种对抗、拒绝甚至反抗的情绪和行为，就是我们常说的逆反。所以，孩子的逆反是身心成长的一种表现。

只不过因为孩子的个性特点、家庭教育和学校教育的特殊性，不同孩子的表现方式不一样。

有的孩子没有明显的逆反表现，有的孩子在家里经常与父母发生争执，不愿意听从他们的管教。

有的孩子自认为学校和家庭管得太严，没有自由，以致离家出走，觉得外面没人管会更好。

有一个男生，父母让他少打网络游戏，担心影响学习成绩，但他认为游戏能锻炼他的反应和团队协作能力。于是，他经常偷偷上网，甚至玩游戏到深夜。当被发现时，他会为自己的行为进行辩解。

孩子这种突然不听家长的态度和行为，让父母们非常气恼。

同时家长会发现他们幼稚的一面。这是因为他们的大脑没有完全发育成熟，特别是具有推理、决策、控制能力的大脑前额叶发育缓慢。通俗地说，就是"把关"的大脑结构发育还不成熟，再加上人生经验不足，导致孩子们表现出简单幼稚的一面。**心理学认为，青春期的孩子处于半成熟半幼稚状态。**

但他们不自知，自我感觉良好，这让家长更加担忧、气恼。

这时，家长们还会发现，同伴的作用在变大。"同学说……"常常被他们挂在嘴边。孩子们更希望得到同伴的认同，这与他们童年时期更希望得到老师和家长的认同有所区别。这是他们青春期寻找被认可的一种方式。

这样就产生了一种现象，他们在很短的时间变得不听话，在行为上，他们常常做得不好，或者不完善，但是又不愿意听取家长或者长辈的意见和建议，但听同学的话，同时孩子们内心还希望得到他人的认可，非常矛盾。

孩子们的这些行为，让家长们极其担忧、气恼甚至愤怒，但又无可奈何。

二、成长是青春期的主旋律

青春期的孩子在生理和心理的发展变化影响下，他们的思维、行为、眼界和追求都发生变化，他们要适应这些新的角色，也会产生新观点，他们在追求自我实现的过程中不断成长。

他们以更加独立的方式，应对学业要求提高、交友愿望的加强、家庭责任的增加，同时在与他人、自然、社会的接触中，这要求他们不断学习和适应新的角色。他们也在不断尝试、协调、融入。

一位家长抱怨孩子："前两天天气变冷，我让他上学时加一件衣服。他说，同学们会笑话我，结果今天感冒了。"

就这样一件小事情，对孩子来说未必是坏事。他们往往会吸取这次经验教训，下次会注意天气与添加衣服的关系。他们也会慢慢反思，在遇到问题时，怎样兼顾家长与同学的观点，站在什么角度思考问题等。

孩子正是在一次次成功和失败的过程中，视野逐渐扩大，能力日益增强。对他人、自然和社会产生一些初步看法，也就是我们常常说的世界观、人生观、价值观逐渐形成。

随着青春期能力更强、视野更宽阔，他们往往有了自己的理想，强烈的自我实现需求。他们渴望通过努力学习、参与社交活动、追求兴趣爱好等方式来展现自己的能力和价值。他们在追求中得到成长。

青春期的主旋律是成长！

只不过有时候是暴风雨般地成长。

这个时候，他们更需要大量的精神营养，就犹如植物生长越快，越需要施肥。

举一个例子。14岁的张尚，身体强壮，但由于平时比较冲动，常与其他同学发生冲突，每次他都能凭体力占上风，慢慢地，他就形成了解决问题的方式是弱肉强食的观点。这时，特别需要有人引导他，帮助他建立正确解决问题的方式和方法。

在孩子发展的人生十字路口，孩子往哪里去，对他们一生都有重大影响。

三、家长的职责是促进孩子成长

面对孩子的各种状况，家长采取的方法，一种是与"逆反期"的孩子较劲，要求孩子服从自己，另一种方法则是顺应孩子成长规律，尊重和教育相结合。

对第一种情况，有的孩子会服从，并产生立竿见影的效果，但长时间会逐渐失去自主性，有的孩子会变得胆小；但有的孩子会反抗，影响亲子关系，如前文案例中尹涛和父母；严重者造成孩子厌学。现在社会上有一些孩子就是如此，还有的孩子会产生"报复"心理，逆反更严重。

对第二种情况，家长一方面尊重孩子，另一方面要引导和教育，给孩子一定的自主性，让孩子更多地理性思考，让他们健康地成长。孩子不仅能够面对目前的学习，刻苦用功，同时也为未来进入社会奠定基础。

相信大家都会选择后一种方法。

有的家长会说：培养孩子应该是学校的事情，为什么全推到家长身上呢？

的确，培养孩子全面发展是学校义不容辞的责任，学校也在全力以赴地完成。但是同一个班的同学在同样的环境下，差别非常大。其中部分原因就与孩子本身有关，也与家庭教育有关。

家长的职责是帮助孩子全面成长！

在教育孩子的过程中，这个观点非常重要。**用成长的观点来帮助和教育孩子，很多事情会变得容易，也更有效。**

首先，家长要知道孩子目前的状态不是固定的，而是变化和发展的。

家长只有把眼光放在孩子的成长上，才会树立美好的目标，寻找孩子身上的优点，不断地帮助孩子朝目标努力。这样，才不会死盯着孩子的错误不放。

家长只有把眼光放在孩子的成长上才不会给他贴标签，而是想办法让

"懒孩子"动起来。

家长只有把眼光放在孩子的成长上，才会以长远的观点来对待孩子，家长不仅会重点关注孩子的学习成绩，也会关注孩子的身心发展，如兴趣爱好、情绪情感、思想品行。

青春期孩子的核心词是"成长"，我们就要以成长的眼光来看待青春期孩子。

什么是成长的眼光？

我们先来分析人的第一次最重要的生长时期是三岁前，以孩子学走路为例，来回顾家长成长的心态和行为。

首先，对于孩子学走路，家长一定坚信自己的孩子是能够学会走路的。

其次，家长会很高兴地引导和陪伴孩子学走路。孩子的动作稚嫩又笨拙，还会摔跤、哭泣。无论孩子出现什么情况，家长都不会责怪，心中还充满窃喜，都知道这是他成长的必经过程，都会鼓励他。我们让孩子不断重复，直到会走为止。

最后，孩子在跟跟跄跄地学走路时，我们常常见到夫妻两人站在对面，让孩子从一面走向另一面，失败时及时补救，成功时共同欢呼。这是人世间最温馨快乐的场景吧。

我们虽然帮扶孩子，但主要还是依靠孩子自己。

这个过程，体现了家长对待孩子"成长"的观点：

首先是基础：信任孩子，目标导向。

其次是态度：接受现实，面向未来。

再次是方法：不惧失败，不断强化。

最后是结果：独立完成，增强信心。

也许家长会说，帮助孩子学走路是他们小时候的需要，等孩子长得都比我们高，并且接受多年教育以后还要这样吗？回答是肯定的，而且更需要方法和耐心。

青春期孩子实际上犹如"俄罗斯套娃"一样，外在的身高足够，但内在的"思想和精神"还弱小，还需要成长才能做到"表里如一"。同时，孩子们的学习任务加重，学科增加、难度加深，激烈的学习竞争，也对他们各方面提出了更高的要求。

如果家长觉得他什么都应该懂，就会在教育孩子的过程丧失耐心，家长的心态也会变得焦躁。

家长和教师应携手，让孩子内在的精神不断地成长，并且从"学走路"到"会走路"。

这种对孩子成长的帮助，无论是学习成绩好的孩子，还是基础薄弱的孩子都需要。

杜争，一位公认的好学生，北京市三好学生，校学生会副主席。

有一天，他的母亲悄悄地来到学校，痛苦地述说孩子在家的各种表现，要么不与家人说话，说话就怼人，并瞧不起自己的父母，说他们没本事，一到家就回自己的小屋，关上门。

从家长的表述以及与孩子的沟通中，我们了解到，孩子小学时一直表现很优秀，但家长对孩子要求非常高，往往是他考试得了98分或99分，家长还是不满意。到初中，孩子追求完美，也有了很强的自我意识，用挑剔的眼光看待父母。

我们和他母亲分析孩子行为产生的原因，共同商议解决的方法。在学校里，班主任做孩子的工作，讲明人与人之间特别是亲人之间和谐相处的重要性，建立每个人都是不完美的观点，介绍一些交往的方法。她母亲回去后调整了对孩子生活和学习的态度。后期，她母亲反映孩子的情况有很大的改变，孩子脸上的笑容变多了。孩子中考成绩位居海淀区第10名，直升到本校高中部重点班。

家长面对孩子的成长，还有一个观点非常重要，那就是不要害怕孩子出现问题。孩子的问题，就如考试中的"错题"一样，我们知道了错误，才能知道他的盲点，更有利于刻意练习，改正错误，这是孩子们成长的契机。

所以，当孩子出现错误，家长开始有情绪是正常的，但不要过分沮丧，应该高兴才对。孩子正是这样不断地进步和成长的，最后他们具有很强的自主能力，走向社会。

"在所有的关系中，只有亲子关系是为了走向分离。"

用成长的理念和方法教育出来的孩子，会超越父母，真正做到"青出于蓝而胜于蓝"。这不正是每一个家长所期望的吗？

💕 "成长型思维"是家长的必修课

"养育孩子的过程，是父母的修行过程，也是与孩子一起成长的过程。"

父母在知识、能力、经验方面拥有丰富的储备，但是在养育青春期孩子方面往往存在不足，也犹如一个"俄罗斯套娃"，其他方面比较强大，但教育能力的内核弱小，需要成长，需要成为"表里如一"的人。

孩子们迅猛地发育生长，社会环境不断变化，科学技术日益发展，如果家长不学习成长，适应不了孩子们的发展，更不要说给他们很好的指导和引领。所以，我们在教育孩子方面也要从"学走路"，慢慢过渡到"会走路"。

一、什么是成长型思维

思维决定行动，什么样的思维方式能帮助我们尽快地成长呢？如图1-2所示。

我们常听到家长说："孩子上中学了，太难管了，平时不听话、脾气倔，说了很多遍也不改！"

遇到这种情况，往往有两种不同的观点和行为。一类家长认为，孩子大了，翅膀硬了，我也管不了了，就这样了。放任孩子的行为。

我可以自由地学习，当我感觉挫败时，我会坚持到底，我喜欢不断挑战自己，当我失败时，这就是我学习的机会

我并不擅长学习，当我感觉挫败时，我选择放弃。我不喜欢挑战，当我失败时，说明我不够优秀

图1-2 成长型思维模式与固定型思维模式的区别

另外一类家长看到孩子的一些行为，也会诧异、气恼，但是随后会静下心来，思考其背后的原因，寻找改进的方法，或者学习，或者请教，通过调整自己的行为改变孩子的行为，遇到挫折也会继续努力帮助孩子。因为他们觉得无论什么事情通过努力，都会有所改变。这是生活给他们的挑战，也是学习的机会。

心理学上把前一种思维模型叫作"固定型思维模式"，觉得自己不擅长学习，自己不够好，遇到问题是别人的错误，选择放弃。"**成长型思维模式**"则正好与之相反，强调自己的努力和持续学习，相信自己可以通过努力和实践不断进步和改变。

这个理论是美国心理学教授卡罗尔·德韦克通过30多年研究提出的，它被认为是近年来教育学术领域最值得应用的科研成果。

成长型思维模式，不仅可以运用到家庭教育，也可以运用到所有地方。你可以看看你周围的人，有的人不断地学习和进步，而有的人经常充满负面情绪，故步自封。

这两种思维模式对孩子的影响很大。

持有固定型思维模式的家长，当孩子出现错误时，只会简单地批评、指责。如果孩子多次出现问题，会对孩子失去信心，觉得孩子就那样了，学不好了。这种方式的严重后果是孩子逐渐形成固定型思维模式。

持有成长型思维模式的家长，当他们遇到问题时，会接纳孩子，倾听孩子内心、分析原因、选择适当的方法，帮助孩子。当孩子多次出现问题时，仍然鼓励孩子，因为他们相信孩子能不断进步。

成功的人都拥有成长型思维，成长型思维可以通过学习获得。我们也希望家长成为拥有成长型思维的榜样，并影响孩子，让孩子也拥有这种思维，家长和孩子共同成长。

二、让教育能力拾级而上

家庭教育的能力，是一步步提升的。如果我们把家庭教育的能力分为5

级，我们原本在平地上，开始学习并实施的时候，是从第一级开始的。

我们要接纳自己的水平，允许自己失败，就如孩子学走路一样，开始走得不稳，会摔跤，也会沮丧、哭泣，只要坚持不懈，不断努力和强化，一定能学会走路。

我们要相信学习的力量，它能帮助我们让遇到挫折的孩子不断前进，让优秀的孩子发展全面并卓越，让躺平的孩子逐渐清醒并站起来。

有位家长对我说：我跟老师学了一些教育方法，开始还能耐心地引导，孩子也有一些改变，但后来看到他又反复了，我就忍不住发火了。

家长请不要着急，成长中的孩子犯错误是难免的。家长教育方法出现反复，也是正常现象。如果家长情绪没有控制的情况已经发生，不要紧，静下心来，想一想下次怎么办。千万不要一上来就拿高级别标准要求自己，希望自己的方法像教育专家一样，做不到就丧失信心而放弃。

我们要有"看我如何不断进步"的乐观心态，坚持且努力，一定会走向更高级别。

有时候，家长甚至不需要达到很高的级别，孩子就已经进步了。

我们清醒地认识到，学习教育孩子的方法后，因为家长和孩子的情况不同，思考和努力的程度不同，效果会不同。

我们要拥有一种与自我比较的思想。要自信地认为：有正确的教育观点，比没有正确的教育观点要强；有一些正确的教育方法，比没有教育方法要好；有一些教育效果，比没有教育效果强。更何况，有一些家长在学习家庭教育方法后，孩子有质的改变。

"不积跬步无以至千里。"

你的成长，会帮助孩子迸发出巨大力量，使之成为一个优秀的孩子，你也会成为优秀的父母。

在一次家长会上，一位家长介绍了她帮助孩子的感受："在这一年中，我的确付出非常多，请教老师，跟孩子沟通，也与孩子多次发生矛盾，多次灰心丧气，想放弃，好在后来一直坚持。现在，看到孩子有进步，学习能自律，心里很欣慰。想来我也收获非常多，我学会了更好的沟通，我把这个方法运用于其他关系上，与我先生的关系也更融洽了。教育孩子的过程使我再次感受生命生长的过程。如果没有教育孩子的这个过程，我就失去了一个这样的机会。"

　　成长是青春期孩子的主旋律，家长的职责是促进孩子成长，家长也要成长，要达到效果，首先需要家长具有成长型思维。

优秀父母都在用的教养法

什么是好的教养方式呢？

美国青少年研究学会主席劳伦斯·斯坦伯格曾经说过：最有效的教育方式是爱与合理的要求。也就是有界限的爱。

一、怎样深沉地爱孩子

这里所说的深沉地爱孩子，是客观地接受孩子的一切，无论他的优点还是不足；了解孩子的感受和需求，而不只是从家长的需求和愿望出发；为孩子的所有成绩自豪，而不只是为孩子学习成绩好自豪；愿意适当地陪伴孩子。

的确，爱孩子的优点容易，爱孩子的不足有些难。我们应学会发现孩子不足中的美，理解孩子的行为特点。不要拿孩子的不足与别的孩子的优点作比较。

曼丽的妈妈是个热心肠、做事麻利，但孩子是个慢性子，妈妈常常责怪孩子，并且说别的孩子做事快。孩子的爸爸却经常说：曼丽做事稳妥，脾气好。

每个人都有自己的愿望，有自己的"面子"，笔者希望家长能倾听孩子的内心，了解他的需求，帮助他实现愿望。要助力孩子，激发他内在的需求和愿望，让他成为一个自律的积极的人。有一位单亲妈妈对孩子要求很高，让孩子倍感压力，两人经常发生矛盾。孩子说："我妈希望我学习成绩好，最重要的是想证明她一个人也能带好我。所以看见我考试成绩不好，就批评我。"

当然孩子学习成绩好未来能考一个好大学，但是家长也要知道孩子其他方面的优点和成绩，是他们自信的源泉，也能帮助他们更好地生存和发展。

虽然有的家长希望更多地陪伴孩子，而有的家长因为各种原因没有时间陪伴孩子，但是对于青春期孩子来说，陪伴的时间既不能太多，也不能太少。有时候他需要独处，有时候又需要陪伴。我们既满足他独立的愿望，又让他知道，关键时刻，父母会在他身旁。

二、怎样合理要求孩子

这里所说的合理要求，是针对孩子的具体情况，父母既不要求孩子无条件地服从，也不能让孩子任性妄为。

我们以这样一个情景来说明这个问题吧。

父母和孩子约定周六在家做作业，星期天可以休息，一直以来，孩子都按照这个方案执行。

周五孩子回家后，跟父母说："同学表哥从天津来了，周六上午他约我们一起打篮球，我想去。"

父亲说："你不准去，作业没做完，我们有约定周六必须在家做作业，你心里没有个谱吗？你开始就不应该答应。"

结果，孩子没有去，但非常不情愿，做作业时烦躁不安。

这就是专制型父母，家长的确控制了孩子的外出行为，但是孩子在情感上却不满，感觉没有自由，觉得在同学面前丢了面子，青春期孩子是非常在意同伴评价的。在这种情况下，孩子会觉得没有受到尊重，以后会常常出现抵抗、叛逆的行为，或者走向另一面，就会懦弱胆小，没有主动性。

对待同一个情景，还有的家长会采取不同的方式。

父母看着孩子渴望的眼神，说："那你去玩吧。"

但是孩子上午打完球以后，又与其他同学去吃饭、逛街，直到很晚才回家。第二天上午说头天玩累了，睡了个懒觉。到晚上，作业没有做完，不仅孩子着急，家长也着急，家长现在来批评孩子，孩子因为长时间没有受到约束，这个时候非常不高兴，所以就争吵起来。

这就是溺爱型家庭。虽然家长感受到孩子的需求，但是没有给予一定的限制。生活中也不可能永远让孩子无拘无束，当需要约束的时候，就出现互相顶撞和叛逆等问题。

还有一种忽视型家庭，平时缺少对孩子的关注，甚至父母都不在家，孩子我行我素，虽然他自由，但可能会因为缺乏父母的关注和支持而感到孤独和失落，也可能会因为缺乏约束和限制而出现各种不良后果。

还是同样的情景，有一位家长是这样做的。

父亲说："我知道你想参加，能不能把时间改到周日呢？"

"不行，周日他表哥就走了。"

"可是你作业怎么办呢？"

孩子想了想说："我今天晚上就做作业。明天上午去打球，结束后，我迅速回家，再继续做作业，也保证完成周日的事情，把明天出去玩的时间补回来。"

父亲说："好的，相信你心里要记住你的重要任务，也要学会平衡同学关系。"

这位父亲对待孩子首先能够相信孩子，尊重孩子的内心需求，是真正爱孩子的一种表现，同时在坚持原则的情况下，灵活处理。这样孩子内心能感受到父母对自己的关心，同时知道自己的行为是在一定范围内，是有边界的。

这就是人们说的权威型管教方式。在孩子心目中父母是有权威的，但这种权威来自父母对孩子的理解与尊重，来自他们与孩子的经常交流及对孩子的帮助。父母为孩子设立恰当的目标，对孩子的行为作出适当限制。这是一种既有规则又有回应的方式，是一种温和而坚定的教育方式。

实际上，权威型、专制型、溺爱型和忽视型是对孩子的情感响应程度和严格程度两个维度上的划分，如图1-3所示。

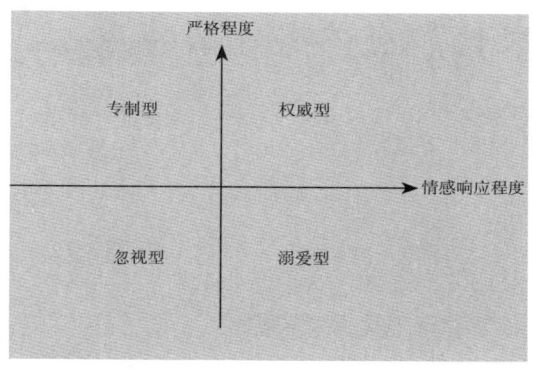

图1-3 养育孩子的四种类型

权威型的教养方式更有利于孩子的成长,既满足孩子一定的情感需求,又对孩子有一定要求。

对于青春期孩子,我们要相信他们的愿望是美好的,他们很多行为是可以自我控制,或者反馈调整的,家长也要加以指导和适当的要求。

但是对于安全或者重大的原则问题,家长要划定红线,如不能在外留宿等。

❤️"优秀家长"应该有什么特质

什么样的家长才称得上优秀家长呢？

优秀家长不止一种，各具特色，但是他们有一个共同的特点，就是通过自己的言行，营造环境，引导和帮助孩子发挥潜能，帮助孩子成为主动积极向上的学生，努力全面发展。

一、言传身教，陪伴引导，自然成才

在学校里，有一些学生家长会让其他家长"羡慕和嫉妒"。

前不久，一位"985"学校毕业的硕士生，工作三年后，考取了国家公务员。我们聚会的时候，有人问他父母："孩子这么优秀，是怎么培养的？"妈妈说："我们也没有做什么，除了刚上小学时陪过他，后来初中跟他交流过几次，一直没有管他。他自己很上进，无论是高中还是上大学。工作后，也一直很努力。她去年考了一次公务员，进了初赛，没有录取。今年又参加了考试，怕我们担心，直到录取才告诉我们。"

在学校里，的确少数学生的家长在教育上，看上去并没有做什么努力，孩子却非常优秀，并且往往是顶尖的孩子。

是他们运气好，还是其中有什么奥秘呢？

案例中这个孩子的家庭我比较了解。孩子父亲大学毕业后，在一个大型国有企业里从基层的技术员做起，后来不断学习进步，成为工厂里的总工程师。孩子母亲高中毕业，以前在公司财务部工作，后来不断进修，努力工作，成为单位里的财务骨干。

他们夫妻关系融洽，家里妈妈是"领导"，爸爸定位很准，两个人的情绪稳定，互相尊重，家庭氛围很好，孩子在一个温暖的家庭长大。

他们能很好地陪伴孩子。孩子小时候，身体比较弱，父母就一直陪她爬山，寒暑假带孩子回他们乡下的老家。

在这里，家长的言传身教起到了润物细无声的作用。他们不断进取的态度、热爱学习的精神鼓舞着孩子，和谐的家庭是孩子成长的环境因素。同时，他们重视孩子的教育，激发了孩子内在的潜能。

无论什么环境，无论是城市还是乡村，这样特质的家庭会对孩子的成长有很好的正向激励作用。

清华大学学生庞众望，父亲患有精神分裂症，母亲瘫痪。但是，他母亲非常坚强和乐观，她对孩子说："遇到什么就去解决什么，因为你总要走下去。"庞众望的母亲小时候医生说她最多能活到20岁。但是，她却想"翻个倍"，在这种心态下，结婚、生子，靠自己的努力，艰难生活，养育孩子。孩子也做到了自强不息，以优异成绩考取了清华大学，并对父母很孝顺，感动了很多人。

我校也有一个孩子，父母都是残疾人。开始时，老师和同学都不知道她的家庭情况，孩子开朗大方，无论是班级活动还是学习，她都积极参加，非常热爱阅读，特别是科普类的书籍，成绩优异，身上充满正能量。后来，我见到他的父母，发现他们都是乐观向上的人。

并不是所有的知识分子家庭一定注重培养孩子。在我曾经工作过的一所学校里，很多学生的父母毕业于国内外最顶尖的大学，但是有的孩子也会出现各种严重的问题。有的是因为父母离婚，没有一个人真正地关心孩子；有的是父母太忙，孩子交给保姆；有的是长辈溺爱……

有时候，教师也感慨："幸福的家庭都是相似的，不幸的家庭各有各的不幸。"

二、躬身入局，坚持不懈，不断成长

有些孩子的优秀是家长千辛万苦的结果，这是最有成就的家长，也是让我们敬佩的家长。

客观地说，不是所有的孩子都适合现代学校教育。这些优秀的家长则是把普通的孩子，甚至不适合学习的孩子变成了优秀的孩子。

钱尚从上幼儿园就显得与其他孩子不一样，喜欢疯闹，爱发脾气，经常动手打人。父母怎么教育也不能纠正，其他孩子和老师经常告状，他们只好换一个幼儿园，但是情形并没有好转，好在幼儿园园长是一个懂教育的人，她告诉孩子母亲：孩子的行为可能是感统失调造成的。

孩子的母亲从此开始陪伴训练。感统失调的训练非常艰难，经过三年训练，孩子终于走向正常。刚上小学时，孩子还遇到了各种问题，他的母亲不断地学习，孩子越来越好。上初中后，妈妈并没有松懈，继续帮助孩子，中考时考上了重点高中，后来考上了一所985大学，是一个阳光开朗的大男孩。

感统失调的孩子在学生中占有一定的比例，他们一般注意力不集中，理解能力弱，学习能力不尽如人意，与人交流困难。案例中的钱尚如果不是他母亲的努力，小学就会成为"问题生"，是母亲给他第二次生命。

还有很多家长对培养孩子的目标非常明确，培养孩子全面发展。

张树明的父母是普通职员，母亲对他有很高的期许，从小就培养他各种爱好，如弹钢琴、运动、演讲等。小学时张树明的学习能力并不是最强的，但是他的母亲一直学习教育方法，并跟随他的学习内容，了解学校的各种政策，无论他遇到什么问题，都与他一起研究，也尽力帮助他找其他资源。张树明到初中时各方面表现得特别出色，学习成绩一直保持年级前三，并且热心助人，是校合唱队的钢琴伴奏、学校最佳辩手等。高中时，张树明学习认真，高考考取了上海交通大学，后来到美国读博士，还参加过联合国举办的公益活动。

当我们让张树明母亲给全体家长做经验介绍时，很多家长非常佩服，因为张树明的家长对国家政策、孩子的学习内容、孩子的心态学习、特色辅导状况了如指掌。其他家长说：我不再简单地责怪孩子，而是转变为帮助孩子。

这些家长面对自己孩子的具体情况，有目标，肯付出，善学习，帮助孩子克服一个个困难，慢慢地，他们自己也成了孩子学习方面的专家，最后帮助孩子达成目标。

三、猛然醒悟，学习实践，成绩斐然

也有的家长会在孩子小时候，疏忽对孩子的教育，没有形成好的品行习惯，到青春期出现很大的问题。当他们意识到问题时，主动反思，立即行动，秉持"不抛弃，不放弃"的精神，从调整自己开始，不断学习，改善亲子关系，对孩子进行正确引导，最后取得很好的成绩。

这样的家长着实令老师们敬佩。

赵会宁是我校的一个毕业生。刚上初中时，他已经表现出明显的青春期特征，家长管不了，在学校脾气暴躁，一句不如意，就与其他同学起争执，对待学习很无所谓，年级800多名学生，排后50名。

他父母是部队军官，工作很忙，老师多次与其父母沟通，家长无可奈何地说："小学五年级前还挺好的，六年级突然变了，家长说什么都不听。其实，我们也管得很严，苦口婆心地说，爸爸打也打了，骂也骂了，就是不管用。"

初二上学期，有一次，他把一个同学的鼻梁打骨折了，并且不承认错误。这时，他的父母才意识到问题的严重性，学校也抓住这个契机，与家长一起商议帮助孩子的方法。针对家长平时对孩子过于严厉、教育方式比较简单、没有人陪伴等特点，我们制订家庭和学校教育的辅导方案。家长也体现了军人雷厉风行的作风，父亲马上推掉了晚上的应酬，陪伴孩子，并积极学习教育青春期孩子的方法，改变了教育孩子的方式。

不久，孩子就有了明显改变。首先表现在学习上，他开始背单词了，这是破天荒的事情，还能每天背30个。班主任也安排同学帮助他。慢慢地，他由浮躁变得安静，课堂上开始听讲，也能静下心来做其他事。有一天，正好是日食，他向学校申请，带来手机，在走廊窗口一个人录制了一中午，最后还制作成科普视频与班里的同学共享，他在班里逐渐变得受欢迎，成绩也有明显进步。

家长更是每周都与老师联系，了解孩子在班里的表现，探讨下一周努力的内容。

孩子不断地进步，到初三上学期期末，他的成绩就进步了500多名，作为进步学生代表在全校发言，鼓舞了很多同学。初三毕业他考取了重点高中，成为一名阳光积极的学生。

他的父母非常感谢学校，说："如果没有学校的教育，孩子就没有今天。"作为教师，我们真诚地表达："如果没有父母的积极配合，思想转变，强大的行动力，孩子也不会有这么大的改变。"

现在有一些孩子因为各种原因，出现厌学现象，很多家长束手无策，我们能理解家长的难处。也有的家长能够重新审视一切，多方寻求帮助，调整自己，最后让孩子恢复对生活的希望，对学习重新燃起兴趣，返回学校，这样的家长值得我们学习和尊敬。

我校曾经有一个学生家长从小学就对学校产生敌对情绪，孩子也不学习，初中第一学期期末考试，语文、数学、外语三门功课一共考了五十几分。孩子在学校不遵守纪律。后来，班主任老师发现孩子的体育特长，让他组织篮球队，并取得好成绩。家长也认识到学校对孩子的爱护，孩子母亲发挥她行事干练的特点，积极配合学校，帮助孩子改正错误。最后，在全体老师和家长的共同努力下，孩子中考取得367分的成绩，这个成绩对其他孩子来说虽然不高，但是对这个孩子却意义重大，是质的改变。首先，孩子不再与其他人敌对，知道自己的不足；其次，孩子愿意学习，并且知道只要自己努力，就能进步，建立了自信心，同时她的母亲也真心尊重老师。

由于各种原因，家长在教育孩子方面会有失误。这个不重要，重要的是发现失误后要真心地反思和调整，与教师携手，帮助孩子改正错误，不断进步。

以上介绍的是几种典型的优秀家长的情况，很多家长是这几种优秀家长的综合体，有的家长既能言传身教，也能躬身入局帮助孩子。只要家长对孩子充满希望，不断努力，不放弃，虚心学习，就一定会取得好成绩。

我们知道，孩子优秀一定有道理，家长的教育是重要因素。但是不能仅仅根据孩子的学习成绩，来判断家长付出多少。家长要通过学习和实践，获得好的教育方法，突破一些障碍。

虽然我们知道学生的学习成绩优异，能更好地应对中高考，其成才的概率更高，老师要与家长携手帮助孩子取得更好的成绩，但是，也不能仅仅根据孩子成绩的高低，来判断孩子未来的发展。

在我们见到的无数家长中，有些家长的观点、态度和行为不利于孩子的发展。

一种是对孩子没有目标和希望，觉得把孩子交给学校就放心了，顺其自然，不知道教育是需要学校、家庭共同努力，并且"父母是孩子的第一任老师"。美国社会学家科尔曼通过多年研究得出结论：影响孩子学习成绩的因素依次是家庭背景、学校学习氛围、教师素质以及学校的设备和课程。

另一种是将孩子的状况，归结于孩子的遗传不好，有的家长说家里没有读书特别好的人。其实，相同的条件，如果教育环境和方法不同，教育的结果天壤之别。

有的家长在教育孩子的过程中，开始很努力，也很用功，但是遇到问题，或者成效不大的时候就会气馁，容易放弃。

有极少数家长对学校教师的工作过于理想化。学校教育要兼顾个人、集体、社会等多种因素，与我们常人的理解不完全一样。家长要看到家长和学校的目标是一致的，整体上，老师们是认真负责任的，并且现在我国的各项教育制度对孩子都坚持"一个都不放弃"的思想，正是这些普通教师培养了我国大量的人才。

第二章

有效沟通：用智慧对话代替说教

青春期到来，很多家长首先感受到的是"沟通"变得越来越困难。

一位妈妈说："孩子自从上初二以后，好像变了一个人，与我们关系生疏了，昔日大家一起有说有笑的场面少见了，对我们说的话爱答不理的。现在好多事情都不跟我们说了，回家后，常常把自己关在房间里。"

还有一位妈妈说："现在我们说什么话，他常常反驳，不按照要求做。有时，又让你下不来台，还较真。有次朋友们聚会，我对大家说：'我经常在家念叨大家'，孩子插嘴说'就说了一次'，当场把我气得半死！"

一位高中学生的家长说："我们讨论问题的时候，他总是否定我们的观点，而且不占上风决不罢休，'这个没有意义''我觉得不对'是口头禅。"

……

家长遇到各种沟通障碍，亲子之间出现分歧、不愉快、争吵的现象，有的还很剧烈，这让家长们非常苦恼。感觉孩子不尊重父母，担忧孩子不能接受家长的教育，从而造成思想出现偏差，学习和生活不能正常进行。

沟通不畅是由多种因素造成的，有青春期孩子的原因，有家长沟通方法不恰当的原因，也有家长的教育理念不适宜等原因。

虽然，大部分青春期的剧烈冲突，随着孩子们逐渐长大会平和一些，但是，在青春期阶段，一些家庭因为亲子沟通问题会严重影响孩子的情绪和学习，由此影响亲子关系和孩子的未来。

极少数家长甚至没有认识到青少年时期沟通的重要性，恣意使用自己的权力对待孩子，对孩子造成伤害，留下后遗症。

中央电视台的演播室曾经来过一对老教授夫妻，寻找他们成年的儿子。他们的儿子大学毕业后就与他们断了联系。后来，志愿者找到了儿子，可儿子还是不愿意见父母，因为读书期间，父母对他要求严格，特别是父亲一直都是以命令、责备的口气对孩子说话，孩子觉得生活在他们的阴影之下，没有尊重和自由，认为回家还是得不到尊重，所以始终不愿意回家。

家长需要学会与青春期孩子沟通的方法。这样既可以了解孩子的情况，又可以把良好的教育内容灌输给孩子，让孩子更好地学习和生活，同时使亲子关系变得融洽。

　　青春期亲子沟通是有方法的。我们以往对家长进行过亲子沟通培训，家长们反映，只要转变观点，掌握一定的规律，很多问题会迎刃而解。

❤ "成长性"沟通：从对抗到对话

小时候，孩子为什么更听家长的话？

在儿童的头脑里，自己弱小，能力有限，家长是有权威的。家长也认为孩子能力弱，没经验，需要指导。所以，家长在传达意图时，更多的是指挥和命令孩子。孩子对家长的要求会努力完成，也能比较平静地接受批评教育。

在指挥儿童的过程中，家长更关注的是孩子的行为，当发现孩子有不足时，用批评、指责，甚至嘲笑、讽刺的方式教育孩子，往往忽视孩子的情感要求。

这是传统的上级对下级采取的"指挥性沟通"方式。

例如，孩子考试成绩不理想，父亲说："一天到晚就知道玩，考得这么差，今天把试卷上的几道错题订正一遍，我晚上检查。"孩子就可能按照父亲的要求完成了。

但是这种方式，到了青春期，就会面临挑战。

遇到上述情况，如果家长还用教育儿童的方法教育他，他就会抵触："班里成绩还有比我低的呢""用不着你管""我自己会想办法的"，等等。

这是因为孩子们身体长高了，能力增强了，他们开始意识到家长并不是无所不能，不想对父母言听计从，不想让家长过多地干涉他们的学习和生活。

他们希望得到平等对待和尊重。

在家长眼里，孩子虽然身高和体重增加，能力增强，但是在认知、思维、经验等方面还远远不足，社会的残酷性孩子根本不知道，所以家长还习惯用以前的方法进行教育，而这常常遭到孩子们的抵触。

怎么化解这个矛盾呢？

在实践中，我们采取了"成长性沟通"的方法，这种方法一方面需要尊重孩子，关注孩子的情感需求，另一方面要给孩子指明方向和引导，帮助其成长，这也是家长的责任所在。

这给亲子沟通增大了难度，需要家长提升沟通能力。例如，同样是考试不理想，家长需要了解孩子的情况、内在情感和需求，引导孩子反思过去，规划后期行为，家长再做补充。家长可以这样说："这次成绩只有72分，我能理解你的心情，我也知道你希望有更好的成绩。我建议你分析一下试卷中的错题，争取下一次有所提高。"

这种沟通，孩子觉得家长尊重他、理解他，也得到了建议。他的重点会落在反思自己，也会根据自己的情况去完成父母的建议，这样能激发孩子的内在动力。

这种沟通变化，相当于从孩子小时候，家长牵着他走；到青春期，家长指引，孩子主动跑。

这种沟通也有别于"平等沟通"。"平等沟通"常常用于平等的关系之间，如同事之间，它的重点落在理解和尊重，没有指导和引导的义务，是否给出建议，要根据情况，很多情况下给出的建议和意见，往往是善良的本意或者展示自己的想法，而非帮助对方成长的目的。

与孩子对话的黄金法则

什么时候孩子与父母沟通产生矛盾最多？家长的回答是，孩子犯错的时候，也可以说是当家长的意愿与孩子的想法和行动不一致时。例如，家长希望孩子马上做作业，而孩子还在玩手机，想等会再做。

这些行为，有的是孩子明知故犯，有的是控制不住，有的是不明白道理而做错的，有的是双方观点不同。以上都需要进行沟通，以便了解情况，对孩子的思想和行为进行调整，同时提高能力。

现实生活中，家长采取了各种方法，但有时孩子们不领情，甚至效果适得其反，让家长们很苦恼。

一、提醒建议，有效沟通

晚饭过后半个多小时，孩子还在玩手机，家长看见非常着急，一般会说：

（1）怎么还在玩手机，不去做作业，晚上又做到半夜？

（2）成绩这么差也不知道着急。

（3）马上把手机收起来，立即做作业去。

（4）我们每天都辛辛苦苦，你就不能体谅我们，主动学习吗？

孩子听到这些话，是不是就会去做作业呢？有的孩子会收起手机，走向书桌，但常带着不满情绪；有的孩子则充耳不闻，依旧玩手机。

这些语言在孩子听来是简单的要求、命令、指责，蕴含着抱怨和愤懑的情绪。青春期孩子在各方面还不成熟，他们虽然知道自己不对，但希望得到尊重和鼓励。

怎么做才能达到良好的沟通效果呢？

给大家介绍几种方法。

第一种方法是"了解法"。

请家长注意，如果孩子偶尔有这样的行为，可以不用管他，要以培养孩子的自觉性为主，让他认识到学习是自己的事情。

如果多次出现，家长可以问："以前你做作业都很积极，今天怎么现在还在看手机呢？"

孩子可能会给出各种解释，有时候是"今天老师布置有任务""同学有事情，需要联系"等，家长可以根据不同情况去满足孩子的愿望，然后让他迅速进入学习状态。

这种方法，是了解孩子的情况，尽可能地满足孩子的心理需求和愿望，不是一味地批评孩子，也许孩子真有重要事情，家长提醒孩子别忘记学习这项主要任务就行了。

第二种方法是"提醒法"。

家长可以问："今天的作业，你有什么计划？"

如果孩子马上收起手机，家长就不用再说什么了。

如果孩子说："我过一会儿去做。"

妈妈可以继续说："多少时间，是10分钟后，还是20分钟后？"

孩子说："10分钟。"

妈妈说："好，你有自己的安排，相信你。"

10分钟后，孩子或者自己放下手机，或者家长温和而坚定地拿走手机。

这种方法，把问题交给孩子，给他们思考和说明的机会，既给孩子主动权，又有一定的原则，让孩子有"面子"。再就是认可孩子，给予孩子信任，最后是给孩子的鼓励，就是激发孩子的内在动力的方法。

家长要提醒自己，即使我们有一万个解决问题的方法，一开始不要直接说出来，而是让孩子自己想办法。只有激发他的思考，才会起作用。他的方法，我们或许觉得不一定好，但是对他最适合，我们也不是仅仅为了结果，更重要的是激发他的内在动力。

在一定的限定下，让孩子进行有限的选择是最常见的方法。这种方法，比较适合孩子刚出现不当行为时进行提醒。

第三种方法是"非暴力沟通法"。

美国心理学家马歇尔·卢森堡博士在《非暴力沟通》一书中，非常详细地介绍了这种方法。家长们在实践中使用，大都取到很好的效果，适用于所有孩子。有的心理学家把这种方法叫作"我向法"，区别于简单地指责孩子的"你向法"。

例如，看到以上情况，家长可以说，吃完饭已经半个小时了，你还在玩手机，我有些担心，作业很晚才完成。我很看重你是否有充足的睡眠，以保证你明天的上课效率，你是否愿意现在去做作业？

这种方法表达了家长的感受，没有批评指责，有利于孩子去思考并改变行为。

通常包括以下四个步骤。

第一，观察。陈述客观事实，包括看见的或听到的等，不使用任何带有感情色彩的词或评论。例如，"看到吃完饭已经半个小时，你还在玩手机"。

第二，感受。家长说出自己对事情的感受，让孩子明白我们的担心、害怕、伤心、高兴，等等。例如，"我有些担心"。

第三，需要。说明上一步感受的原因，家长要直接说出自己的需要，而不是通过指责、批评、评论和分析来说出自己的需要。例如，"你要有充足的睡眠，以保证明天的听课效率"。

第四，请求。家长清晰地请求孩子，希望他们做什么，并且要用非常具体的描述来提出请求，讲得越清楚，越有可能得到理想的回应。例如，"你是否愿意现在去做？"

"非暴力沟通法"的核心是客观地接受现实，找到与需求之间的差距，提出减小差距的方法。这是一种充满爱的方法，也能让孩子感受到家长的爱。

同样，我们可以运用在很多方面。如果孩子在客厅吃完零食没有收拾垃圾，根据以上方法，家长可以说：你吃过的零食包装纸还留在桌上（观察），我很不满意（感受），因为家里的卫生需要我们大家来维持（需求），你现在是否愿意把包装纸放在垃圾桶里（请求）？

家长遇到这样的事情常常这样做：开始批评指责："看你把客厅弄得乱糟糟的，你就是个不讲卫生的人，你指望谁来给你打扫。"边说边把客厅打扫了，同时心想："这个家没有我不行。"这种方法，就是"暴力沟通法"，也就是"你向法"。不断地指责"你"。

"提醒法""了解法""非暴力沟通法"这几种方法，都是在尊重孩子的前提下进行的引导、建议，容易被孩子接受，并改变行为。当然，这几种方法也可以综合使用。

二、分析原因，解决问题

一名学生，考试以后，成绩不理想，特别是他的强项数学只得了63分。开始，孩子没敢告诉家长，他母亲知道后说："我就知道你考不好！以前数学成绩还是优势，现在连这门功课也不行了。你再这样玩下去，我看你什么学校都考不上，还能指望你什么。你看张翔考了92分。"

没想到孩子听到这些话后，立马跳起来说："我就学不好，别人都比我强，我还不想学了。"孩子进屋把自己关了起来，这不是第一次母子之间的"战斗"，母亲真生气了，说："又没有本事还说不得，我看你是没救了。"

这是孩子与家长产生矛盾的常见模式：孩子出现错误，家长生气；然后批评，孩子不接受；家长再生气，再批评……双方都认为，对方不理解自己，不讲理。

为什么会是这种结果呢？家长对孩子充满了期待，孩子出现错误就会产生情绪，这样家长在教育孩子的过程中，对孩子产生指责和抱怨。孩子听出来的潜台词：你不行，没有希望了，不爱你。结果是孩子不接受，不仅不能促进孩子改变行动，还破坏了亲子关系。

要想改变这种状态，家长在与孩子沟通的过程中，可以通过以上"提醒法""了解法""非暴力沟通法"的综合运用来解决。

家长需要冷静，不要一遇到问题就情绪化，俗称"上头"。首先要确定沟通的目的是怎么面对现实，以后如何改变。然后家长引导孩子思考，发现产生问题的原因，最后找到改正的方法，同时鼓励孩子，这样才有利于孩子行为的改正。

母亲可以说："你数学只考了63分，我知道你很难受，我也和你一样，因为数学是你的强项，你一直想保持优势。我们如何避免下次再发生这种情况？建议你先找一下原因，再确定你下一步怎么做。"

孩子想了想，说："前段时间，我总觉得数学成绩不错，全等三角形考试得了高分，就放松了，上课听讲没有以前认真了，导致相似三角形的内容没有弄懂。以后还是要好好听课，认真写作业。"

母亲说："你能找出自己的问题，我很高兴，反思也是一种重要能力，相信你能从这次考试中吸取教训。"

以上母亲的做法，既能与孩子共情，又比较理智。无论孩子目前什么情况都能接纳，积极启发孩子思考自己以前的行为导致今天的结果，以后怎么办，而不是简单地指责和处罚过去的行为。

家长不应把孩子的错误原因、改正方法直接说出来，更不能简单批评，而是要启发孩子去发现问题，自我要求。

这种方法使孩子能更好地感受到母亲的爱，没有与别人的比较、没有强迫他做什么，感觉妈妈好像在说："你能行，我相信你。"在孩子的眼里，妈妈是良师益友。

这样，孩子就能客观地分析自己的问题，让每一个错误的过程都成为自己进步的阶梯。

三、头脑风暴，提升能力

有时候，孩子出现错误后，由于他们能力和经验有限，不仅需要家长与他们一起分析原因，还需要寻找方法，大家可以灵活地运用沟通方法，达到解决问题的目的。

例如，一个孩子在班里与同学打架，打伤了另外一个孩子。孩子父亲被叫到学校，孩子接受了学校的批评教育和处罚，也去看望了被打的孩子，但是孩子还是不服气。

孩子的父亲发现了孩子的情绪。

他对孩子说："你把别人打伤了，受到了学校的处罚，你怎么看这个问题？"

孩子："他受了伤，我违反了校纪校规，处罚也是应该的。但是他也不对，是他先惹我的。"

爸爸："你心里不服气，是吗？刚才时间紧，情况没了解清楚，你能具体说给我听一听吗？"（**第一步骤：寻找事情真相**）

孩子："我平时就很讨厌他，一天到晚在班里打闹。昨天，我在写作业，他还在旁边跟其他同学推推搡搡。我让他走开，他没动，还不小心把水洒在我本子上，我气不过，站起来就推了他。他也推我，然后我们就打了起来，我就使劲把他打伤了。但当时我不那样做，又能怎么办呢？"

爸爸："我想你当时很生气，我能理解。爸爸也遇到过这样不顾及别人感受的人。"（**第二步骤：与孩子共情，说出感受**）

爸爸继续说道："以后我们还会遇到这样的人，那该怎么办呢？""我们需要学会，怎样在别人不正确的情况下，用正确的方法解决问题，并做到真正地保护自己。"（**第三步骤：提出需要，注重引导**）

然后，父子俩商议了面对这个问题的各种解决方法。（**第四步骤：用头脑风暴法，提出行动建议**）

（1）向班里常常能主持正义的同学和朋友寻求帮助。

（2）告诉老师他的行为。

（3）站起来，厉声呵斥对方，让他停止。

（4）站起来，瞪他一眼，然后走开，不理他。

（5）站起来，打他。

……

爸爸："你觉得哪种方法最可行呢？"孩子："站起来，厉声呵斥，如果还不行，就告诉老师。"

爸爸："好的，就这样。你可以先尝试，以后慢慢学会，能够在别人不正确的情况下，有效解决问题。""当然遇到严重情况，也要以保护自己为主。"

案例中的父亲是孩子的同盟军，在让孩子懂得道理的同时，也拓展了思路，寻找解决问题的方法，让孩子的能力得到提升。相信这样的孩子，今后遇到类似事情会更冷静，会选择用正确的方法解决问题。

有的家长看到孩子打人，会批评孩子"你打人还有理了，打人就是不对"。这种教育方式是在一定程度上有效果的，但没有起到真正的作用，会导致孩子以后对待问题，简单处理，或遇到问题躲避，没有学会解决矛盾的方法。更有甚者，如果过于严厉地教育，孩子还会觉得父亲偏向别人，与父亲敌对，也与被打的同学敌对。

也有的家长听了孩子的话，觉得孩子委屈，会让孩子产生敌视老师和同学的想法。

孩子出现各种问题后，家长犹如医生，要知道孩子身上的很多小病是能够自愈的，不要过度治疗；严重一点的疾病，先吃药，吃药不行再打针，打针没有效果再动手术等。不要一有病就吃抗生素、输液，对人体自身的免疫没有任何好处。

❤ 当孩子抱怨时，家长应对的基本策略

沟通是双向的，既有家长向孩子传达信息，也有孩子向家长传达信息。家长是否有能力充分利用这个契机，与孩子进行良好沟通，是家长需要修炼的一种能力。

然而家长常常没有意识到这个问题，以自己认为正确的道理教育孩子。

例如，一个孩子回家很不高兴，说："语文老师真差劲，上课时很多同学在说话，我也没怎么说，她就批评了我一个人。"

家长："你怎么这样说老师呢？只要说了话，老师就可以批评你。"

孩子："你就偏向老师。"

妈妈："不是偏向老师，老师也是为了你好。"

孩子："为我好就可以不公平，就可以不顾及我的面子。"两人不欢而散。

孩子觉得跟家长说了也没有用，反而会受到家长的批评，心想：我这不是自讨没趣吗？以后不跟他们说了。

那么如何沟通，才能了解情况，帮助孩子呢？

这个过程可以分为两个部分，一是倾听，二是引导。

倾听是此时的重要环节。心理学家卡尔·罗杰斯说过："倾听是表达爱和尊重的关键。"

我们每个人都希望别人的倾听，但是只有很少的人能静下心来，倾听别人的内心情感和需求。更别说大人倾听孩子了，以成人的经验，孩子一张口，往往就知道大致是什么情况，就容易打断、评判、批评和建议等。这样特别容易失去一次了解孩子内心的机会，有时候更是堵死了孩子向你

表达的渠道。这个时候，家长需要站在孩子的角度考虑问题，体会他的感受和需求。摒弃已有观点，有时候要"懂装不懂"，让他尽情表达，才能真正地了解孩子。

我们倾听孩子的时候，主要倾听四个方面：孩子遇到了什么事情？他是什么感受？他内心的需求是什么？他想采取什么行动？

在这个过程中要思考，是否需要引导？如需要，如何引导？

例如，案例中这个孩子在课堂上和其他同学一起讲话，但只有他受到了老师的批评（事实），他感到很委屈和难堪（感受），也觉得老师不公平，破坏了自己在同学中的好形象，青春期的孩子内心非常希望得到公平和尊严（需求）。

要想得到以上一些信息，家长首先要做到，整体观察孩子的语言、肢体语言和语音语调等。心理学家研究表明，肢体语言在人们表达信息中占55%的比例，语音语调占38%，语言只占7%。

在这个案例中，家长从孩子回家的步伐、抱怨的声音等，发现孩子真生气了。

其次，孩子讲话的时候，家长不要打断他，要放下手中其他的工作，专注倾听，进行眼神交流，也可以点头示意。家长特别难以做到的是当孩子对你发火的时候，不是回怼、生气，应该让他更好地表达自己，也让内心的情绪得到释放。还可以对重点内容进行重复，确认你理解得是否正确，让他感受到你对他的关注。

同时，家长要摒弃一些固有的观点，客观接受孩子的观点。例如，上面的案例中，从孩子的角度来看，老师就是不公平。在这个基础上孩子有情绪也是正常的。妈妈可以说："只批评了你一个人，的确让人很难受。"

孩子："是呀，大家都看着我，多没面子，当时多难堪。"

妈妈："你担心其他同学对你产生不好印象，也很看重老师是否公平吧？"

孩子："是的。"

妈妈抚摸孩子的肩或者头，也可以抱一抱孩子。

这个过程实质是站在孩子的角度看问题。

良好的倾听，能够让人的内在情绪得到释放，有时候孩子就是需要一个倾听对象。一些小的问题就能自然化解，因为孩子也会自我反思。

但有时候，家长倾听孩子之后，发现孩子需要引导帮助，建立正确的观点和行为。

以上案例中，家长觉得需要孩子理解这件事情，防止以后类似事件的发生。

妈妈："以后怎么才能不再这么难堪呢？"

孩子可能有很多回答。

妈妈也可以引导说："老师批评人，目的是什么呢？"

孩子："当时我们讨论得很热烈，老师希望我们停下来，继续讲课。"

妈妈："如果你是老师，让学生停止说话，没有什么效果，你会怎么办？"

孩子："我会批评讲话的同学。"

妈妈："老师容易发现所有讲话的同学吗？是不是有必要呢？"

孩子："也不容易区别，很多人在讲。"

妈妈："如果你是老师，这个时候只批评一个人，你最有可能批评谁呢？"

让孩子想一想，家长与孩子讨论："看到谁就批评谁""谁讲话声音最大就批评谁""平时谁讲话多就批评谁""跟老师关系好或者坏的同学"……

妈妈："你是哪一种？"

孩子："我可能是第一种。"

妈妈："任何一个老师都可能这么做。如何防止不被批评呢？"

孩子突然提高音量，开心地说："妈妈，我懂了。"

母子相视一笑。

总结以上过程，步骤归纳如下。

第一步：站在孩子的角度看问题。

表现形式就是同意他的观点，认同他的道理。

英国教育学家拉姆斯登说："他们提倡什么，你就同意什么；他们反对什么，你就反对什么！"

例如说："我同意你的观点。"

第二步：理解孩子内在的情感和需求，需要时给建议。

例如，"的确很难受""我以前和你一样的感觉"。

有时候，孩子只是向你倾诉，说完也就没事了，所以到此为止。但有时候还需要你的引导。

第三步：换个角度看问题。

也可以说："我知道你有你的看法，为什么我们会不同呢？"

或者可以说："我是这样想的，你是怎么想的？"

还可以说："我理解你的看法，还有没有其他可能？"

让孩子从多角度看问题，感受别人的情感和需求，平和地接受现实，并做出改变。相信孩子能做出自己的判断，在这个过程中孩子也在成长。

切记，只有启发孩子自己理解和感悟了，才能起到教育的作用。

如果孩子还是认为是对方的错误，家长应告诉孩子学会宽容。如果上面案例中的孩子还是觉得老师批评得有点过火，家长应开导孩子，要对人学会宽容。每个人的成长经历、思维和认知都不同，不能希望别人的行为都满足自己的要求。告诉孩子我们如果不能回避，就尽力做到适应，并且做到"改变能够改变的，接受不能改变的"，保证自己向着目标不断进步。

青春期亲子沟通难在何处

几年前，我校对家长开展了怎么进行亲子沟通的培训，很多家长觉得收获很大："现在不那么着急了，知道孩子的一些想法，也懂得基本的沟通方法。"

也有一些家长反映："我们按照老师教的方法跟孩子沟通，的确有作用。但过一段时间就坚持不了了，还是常常忍不住要训他。例如，特别明显的事情，他就跟你的想法不一样，你说的他就不听。"

我理解这个家长，虽然学了一些方法可以作为工具使用，但如果我们不了解青春期沟通的底层逻辑，有时候很难坚持和灵活使用。

为什么青春期的亲子沟通这么困难呢？

有效沟通的核心是不同的人之间达成一定的共识，促进理解和交流，而达成共识本身就是件困难的事情。

同样的事物因为不同情况人们的观点不同；沟通的过程中，信息从一个人到另一个人的过程中会产生一定的减损；青春期孩子还有自身的特点，导致不容易沟通。所以，与青春期孩子沟通比与成人沟通更困难。

一、不同的站位、理解、时空造成观点不同

美国著名关系学大师戴尔·卡耐基曾说："双方的沟通不顺利有多种因素，一是站位不同，二是感情因素，还有就是时空不同，派别不同。"

1. "盲人摸象"——位置不同，观点不同

大家都知道"盲人摸象"的成语故事，几个盲人站在同一头大象的不同位置，分别得出了象如绳子、扇子、墙等不同的结果，并且每个人都觉

得自己是正确的。因为是亲身感受，不愿意接受他人的意见，还觉得其他人不可理喻。

我常常跟家长回顾这个成语，让他们理解家长与孩子不同；我也常与孩子们回顾这个成语，让他们理解与家长的不同，告诉孩子们，因为家长的经历更丰富，在很多方面比你们更全面，同时他们更有创意，在坚持你们自己观点的情况下，也要理解父母的想法。

其实，我们每个人在很多事物面前，与其他人站在不同的位置，观点就会不同。所以，我们最起码要记住以下几点。

（1）在纷繁复杂的环境中，我们的观点可能是片面的。

（2）有些观点你是正确的，其他人的观点也可能有道理。

（3）要想得到比较全面的观点，需要到不同的位置去感知。

（4）要想得到比较全面的观点，也需要借助其他资源，如明眼人的介绍。

家长与孩子观点不一样的时候，常常以为自己是对的，要孩子以自己"对"的方式行事，从而产生矛盾。

成长中的孩子还不具备很好的换位思考的能力。如果家长也不能换位思考，那与孩子的矛盾就是必然的。就如"盲人摸象"成语故事中的几个盲人一样，互相争吵，谁也说服不了谁。

有一个刚上初中的女孩特别喜欢跳舞，她认为在紧张的学习之余，参加学校课后的舞蹈训练，可以缓解自己的疲劳，提高学习效率。但是，妈妈认为跳舞花时间，会影响学习，就是不同意，母女互不相让，在家里矛盾非常大。

后来，家长到学校请教老师。老师与家长分析了孩子的情况，家长不再坚持己见。老师与他们一起坐下来商议，确定孩子的学习目标后，给孩子一定的空间，允许孩子继续参加学校舞蹈队。最后，孩子的学习成绩和舞蹈水平两个方面都有提高。

所以，家长千万不要以自我为中心，提前预设所有的答案和结果，并坚持己见。

2. "半杯水"效应——对待同样事物，观点不同

很多家庭会上演这样一幕，孩子考试成绩不好，家长就会批评孩子，"你平时不努力学习，班里那么多同学都考得比你好"。可是，孩子却不以为然地说："班里还有很多同学比我分数低呢！"这让家长哭笑不得。

同样的位置，看同样的事物，也会有不同的结果。

这就是"半杯水"效应，有心理学家在桌子上放了半杯水，乐观的人看见"还有半杯水"，充满信心；而悲观的人，看到"只有半杯水了，焦虑沮丧。

当家长用事实希望孩子努力成为优秀学生的时候，孩子却在用事实保护自己。最后的结果就是双方都觉得对方不讲道理。其实都有道理。

怎么办呢？我们先想一想我们的目的是什么？我们的目的是希望杯中的水多一点。

所以，最好的方法是先了解孩子现在的水平是怎么获得的？这次考试你做了哪些努力？有什么成绩？还有哪些提高空间？如果这是孩子努力后得来的成绩，无论孩子考多少分，你都应该鼓励孩子。这个时候，孩子往往会自觉对标其他优秀学生，努力赶上去。如果是他不努力或者失误造成的，那就要启发他反思、努力，自己把水平提高上去，而不是发泄情绪。

3. 变化的时空，观点不同

"我小时候，家长并没有怎么管我，学习照样很好。"常常听到家长这样讲。

家长希望孩子与他年轻时一样，甚至达到"青出于蓝而胜于蓝"的效果，这是人们美好的愿望，也是可能实现的愿望。但是，你希望他与你一样的思想言行，就很不现实。

首先，每个人的基因不同。其次，生长环境发生变化，家长们有的经历过物资匮乏的时代，或者看见过父母生活的艰辛，以前的孩子更容易产生"知识改变命运"的内在学习动力。

但是现在社会进步了，人民的生活水平提高了，很多孩子觉得不用改

变命运，生活也很安逸。

同时，科学进步和社会发展不仅给孩子们带来更大的便利，也带来更大的诱惑，如游戏、短视频等。孩子们在享受这些产品带来的快乐时，也要不断与这些诱惑做斗争，其中包括学生时代不可能接触的一些成人的、开放性内容。有些孩子能够控制在一定范围内，对学习没有太大影响，而有些孩子自律性比较差，学习容易受到更大影响。

现在孩子产生内在学习动力不是容易，而是更难。外在的诱惑太大，但是竞争并没有减弱，甚至更激烈。

能体谅家长焦虑，也能体谅家长和老师的教育难度更大。

同时家长也要体谅孩子面临的困难。

二、沟通过程，传达的信息产生减损和歧义

情景1：很多人都玩过"传话游戏"。人们站成一队，从第一个人开始，一对一传话，传着传着，话的意思就开始改变，到最后一个话的意思已经发生了很大变化，让人捧腹大笑。

情景2：曾经有一位父亲给我讲了这样一件事情。有一次，他分析完家里人的情况，说："我们家没有读大学的人。"过一段时间，结果发现两个孩子的行为变得很不一样，一个变得更刻苦，另一个变得更懒散。他好奇地询问原因，一个孩子说："我想做家族里第一个大学生。"另一个孩子说："我们家人天生就不是读书的料，努力也白费。"

这是两个孩子对同一句话的不同理解。

心理学中有一个简单的人际沟通模型，有效地解释了沟通的关系，以及信息在传达过程中的损耗和歧义，如图2-1所示。

发送者		—通道→	接收者	
信息	编码		收到信息	解码

图2-1 信息在传达过程中的损耗和歧义

假设这样一个情景，天气突变，妈妈担心孩子受冻，想让他穿衣服。有两个妈妈的说话不同，也就是编码不同。一位妈妈说："今天气温降低了8℃，你是不是考虑加一件衣服？"另一位妈妈说："今天天气降温，你必须加一件衣服。"对青春期孩子来说，前一种方法，孩子更能接受。

对后一句相对不容易接受的话，有的孩子会认为妈妈就知道强迫，不听。但是有的孩子想，妈妈的本意是担心我，即使说得不好听，也能理解。

发出信息的人要注意说话的方式，以便让对方更好地接受和理解我们要说的意思。同时，如果我们作为信息的接收者，则要从信息发送者角度去理解，更准确地接收信息。

三、青春期的心理特点妨碍沟通

青春期的孩子，他们有时候为了显示自己的独立性，会坚持自己的观点，无论对错。

同时，他们的情绪脑区结构发育较快，情绪很容易受到外界刺激而兴奋，但是控制情绪的大脑结构前额叶皮质发育较慢。就如一匹小马长成了高大的骏马，有一跃千里的能力，但是骑马的人控制能力弱，或者缰绳很细，缰绳甚至有断裂的风险。

青春期还有一个重要的心理模式叫"假象观众"。青春期孩子开始思考别人对他的看法，会认为所有人都很关注他，哪怕衣服上的一个小黑点，都会引起其他人的喜欢或不喜欢。他们变得极其敏感，批评会让他们觉得是非常难以接受的事。

以前的谚语"当面教子"，在现代环境下要慎用。除非多次违反纪律、问题严重或危及安全等。

青春期孩子还有个人英雄主义观点。他们认为自己的感受是独特的，其他人都不理解，所以家长的教育容易不被认可。

如何用好"成长性沟通"

春天到了,人们开始耕田犁地,为生物生长创造外部环境。然后,播种、施肥浇水、除草、剪枝,经历风雨,静待花开,结出果实。这是生物生长必须经历的过程。

如果把一个果实比喻成孩子形成一个观点,那么每一个观点的产生需要外部条件和内在生长的过程。要想让孩子头脑中生长正确观点,需要同样的生长过程。

家长不能拔苗助长,也很难做到不劳而获。

父母要根据情况,对不同的观点采取不同的方法来引导。

一、创造有利于成长性沟通的环境

我校有一位女学生,说话比较直白,常与其他同学发生矛盾。有一次,她到一个性格好的同学家玩。回来后,感叹道:"我说我脾气怎么这么暴呢,是从我爸爸和妈妈那里遗传来的。他们从来都是互相诋毁。可是张倩父母说话总是有商有量,差别太大了。"

成长性沟通的环境,就是家庭中形成良好的沟通氛围。父母长辈之间互相尊重,良性沟通,给孩子树立榜样。这样,孩子在潜移默化中形成了正确观点,掌握了沟通的方法和技巧。相对来讲,青春期,出生于这样家庭的孩子沟通更容易一些。

老师经常遇到孩子脾气急,出现问题,给家长打电话沟通时,家长比孩子脾气还要急。

家长切勿三天一大吵,两天一小吵。

二、种下思想的"种子"

赵丽敏平时学习比较努力，但成绩不太理想。有一次，她沮丧地说："我很笨，已经很努力了，但考试还是不如别人，不想学了。"她妈妈想了想，握着她的手，说："我能体会你这种感受。""我这样想，如果你不努力，会不会成绩更糟糕呢？在我看来，刻苦努力，这种毅力就是一种好的品质。"

赵丽敏母亲的方法值得推荐，在理解孩子针对学习这件事的内在需求时，告诉孩子"毅力很重要"的观点。孩子在以后的学习和生活中会慢慢体会到这个观点的正确性。

我们见到很多家长，对于孩子的不足，跟孩子针锋相对，长篇大论摆事实讲道理，一定让孩子认输，或者承认错误。这样做的结果就是孩子出现逆反和自我防御，往往取不到好的教育效果。

例如，有的家长针对孩子像案例中的那种情况，会说："我看你就没有特别努力，常常回来就玩。如果你把所有的时间用在学习上，成绩一定很好。""你有什么权利说，不想学了。你不学，你试一试。"

不要把孩子的错误和不堪展现出来。 在很多情况下，孩子做错事，他们是知道的，也有一种内疚心理，甚至有可耻心理，但同时他们又想维护自己的尊严和"面子"，会找出各种理由。这就是心理学上的"防御机制"。一旦家长突破这个防御，说出真实情况，孩子们会很受伤，并且极力维护。

电视剧《人世间》有一段让很多人受触动的片段。周家有三个孩子，其中两个孩子都是高学历，成人以后都有一定的社会地位和成就。唯独二儿子周炳坤是一位普通工人。他经常与父亲发生冲突。有一次，父亲又说周炳坤没有用，并说出了事实，孩子发出心中的呐喊："是事实，事实就应该说吗？"二儿子继续说道："我没有出息，你知道我多难受吗？我一生的愿望就是让我爹和我妈满意。"的确，家长这样做就是在孩子伤口上撒盐，这是每个人都应该明白的道理。无论对孩子还是对家人，有时候需要保护好对方的自尊，即使是事实，也不能和盘托出。将心比心，我们自己犯错误的时候，是不是也不希望在公开场合说出来呢？

大家想一想，家长有没有出现过类似周家父子的这种矛盾状态？

经常有家长跟我说："孩子明明做了这件事，就不承认，还跟我们发脾气，真是不可理喻。"

家长可以退一步，把道理讲明白，不要在所有事情上"较真"，要保护孩子的自尊心。

当我们发现孩子不具备某一种观点时，可以采取这种方法：让孩子得到尊重，告诉他一种正确观点。犹如种下一颗"种子"，家长在后期的生活和学习中，不断地营造环境，与孩子共同努力，让种子发芽，慢慢地为孩子建立正确的观点。

对于孩子的有些问题，只需要点到为止。

三、反复"施肥浇水"，才能健康成长

教育孩子并不是一蹴而就的事情。

孩子的房间乱糟糟的，家长好不容易通过教育让他打扫干净，可是没过几天又恢复了原样。这时候，家长往往有了怨气，就开始唠叨了。可是，很大程度上这样做是没有作用的。最好的办法是，利用周末的时间全家人一起打扫卫生。

这样，**让孩子感觉到你一直在坚持原则，又有灵活性**。如果室内不干净，是一件不好的事情，让他有压力。不断坚持，孩子也会慢慢形成习惯，或者平时注意整洁，或者定时打扫卫生。

犹如种植果树一样，需要反复地浇水施肥。植物慢慢长大，就离结果越来越近。孩子更是这样，在他心中一种观点和行为的形成需要反复强化。所以，他出现问题的反复，也是正常的。你跟他说一遍，他有时会记不住，还需要你说多次，也是常见的事情。

要想让孩子坚持不懈，家长首先要做到坚持不懈。

四、给孩子底线思维

要想果实硕大甜美，果树每年都需要修剪枝丫。

首先，调整枝叶分布。去除密集的枝条，有利于光照和空气流通，从而提高光合作用的效率。其次，去除无用枝条。修剪病虫害感染、枯死或交叉生长的枝条，可以减少病虫害的发生，保持树体的健康。

教育孩子也是一样，要遵守其自然生长规律，家长不要害怕对孩子说"不"，家长也要给孩子底线思维，要对孩子有限制。

当孩子注意力分散时，家长需要帮助他们将注意力集中在最重要的事情上。或者当孩子身上有明显的错误，会带来更大的影响时，家长要坚决制止。

当孩子出现严重的问题，或者反复出现时，家长也要果断表示否定。这些观点要植根于孩子内心。

当孩子每天都玩很长时间手机，影响学习时，家长需要明确态度，与孩子商议解决办法，并坚定地执行。

当孩子平时获得了更多的爱，亲子有很好的沟通时，孩子也能更好地理解家长的决定。

💕 选择合适的沟通时机

家长往往在孩子出现问题时才与孩子沟通，但沟通的效果并不理想。其实，沟通效果是在孩子犯错之前的有效陪伴中形成的。

我们先来看看沟通顺畅的人有什么特点？

在生活中，你也许有"闺密""兄弟"，你们交往轻松，你可以袒露心声，并得到他的理解和积极回应。你们互相信任，有很多相同的观点，甚至有共同的经历。

遇到具体事情，你们会很容易沟通并且情感畅通，甚至"心有灵犀一点通"。对于思想层次要求高的人来说，这就是人们常常觅求的"知音"。这样的关系是我们追求的理想关系。

为什么会这样？因为沟通的底层逻辑是观点，特别是三观，然后是人们的安全感、价值观、自信心以及关系。只有具备这些基础，我们面对具体问题沟通时，才会变得容易，如图2-2所示。

1. 具体问题沟通
2. 安全感、自信心、价值感、亲子关系
3. 三观（人生观、世界观、价值观）

图2-2　沟通的底层逻辑

所以，家长在陪伴孩子成长的过程中，要慢慢奠定沟通的基础。

一、从孩子言行中，表扬鼓励，增强自信心

英国教育心理学家拉姆斯登说过："对青春期的孩子来说，家长的认可是价值感和归属感的重要来源。"青春期孩子的特点是，一方面不希望家长过多地"管"他，另一方面又特别希望得到家长的认可。价值感和归属感能很好地增强孩子的自信心。

任何对孩子真心的赞美，都是对孩子的表扬和鼓励。包括说"你真棒""点赞""好"，或者各种肢体动作，如拥抱、拍肩、眨眼，等等，包括对孩子取得的成绩的表扬，或者对孩子做事过程中某些特质的赞扬。这些方法综合使用效果更好，它能让孩子从获得外部的表扬开始，逐渐转化成自我积极向上的内在动机。

这里的核心是家长先转变观点，要看到孩子的长处和进步。夸奖孩子并不难，只要家长有心，知道夸奖孩子对其成长的重要作用，其实是顺其自然的事情。

孩子在与家长相处时，家长常常批评多于夸奖。

有的家长说："他考好了，我夸他，他就会翘尾巴。"

有的家长说："他的成绩不是很好，我怎么夸他？"

还有家长说："其他方面好有什么用？"

1. 培养孩子的自信，需要多方面成就感

孩子取得好的学习成绩，是应该夸奖，并且是最容易夸奖的事情，也是强化孩子自信心的最好方法。家长不要担心他翘尾巴，因为学校里不断继续考试会让他认真对待，不敢掉以轻心。

只夸奖孩子学习方面的成绩，是夸奖孩子的一个大忌。每个孩子都有可能在不同方面取得成绩，都是他们能力的一种表现，而且一个方面的成功可以迁移到其他方面，更何况孩子成绩好需要其他优秀品质的支撑。再说，德、智、体、美、劳全面发展的人，才是社会真正需要的人才，才是对家庭能承担责任的人，也是自我丰盈的人。家长通过夸奖，让孩子逐渐

内化，达到全面发展。

表扬孩子要包括孩子的方方面面。孩子有哪些好的方面，家长就夸他这些方面。例如，行动力强、爱集体、孝顺、会打球、会表达等。让他发现自己的优点，感受到父母的认可和关爱，从而充满自豪。

2. 培养孩子自信，需要过程和细节做支撑

对于成长中的孩子，不要仅仅以结果来论英雄。夸奖孩子要从过程和细节入手，特别是那些展现努力、进步和积极态度的行为。这样，能激发他们内在的动力。

例如，你今天背诵课文时，反复练习容易错的那个部分。效果很好，你真会想办法。

家长还可以摆出孩子的行为事实，说出自己的感受。然后，上升到孩子有这种能力和品质上。

"你刚才跑很远，把吃剩的东西放到垃圾箱里。我们看到很高兴，你是一个爱护环境的孩子。"

如果孩子有好的行为或者取得成功，将孩子的行为上升到能力和品行上，强化孩子的自我意识，让孩子知道应该怎么做，潜意识里要不断努力保持。孩子在这个过程中，能力会越来越强。

家长批评孩子的时候，千万不要上升到能力和品质上，只是就事论事，"你扫过的地上还有一些纸屑，最好再扫一下"。

千万不要说："让你扫个地，都扫不干净，做事情总是马马虎虎，还能指望你做什么！"这对孩子是一种很大的否认，并且是这种固定的能力上的否定，潜台词是"你没有希望"。这样，孩子与父母容易产生对抗情绪。

希望他保持什么就夸他什么。例如，孩子考试成绩好，你希望他继续努力，就可以说："这次考试，我们看到你非常努力"，让他感悟到继续努力会取得更好的成绩。

当然，家长也要理解，孩子们有一点傲娇是好事，我们每个人不都希望自己有引以为傲的事情吗？

3. 多夸后天努力，少夸先天条件

家长可以多夸孩子后天努力取得的成绩，如耐心、坚持等；少夸孩子先天的条件，如漂亮等。

有人说，不要夸孩子聪明，要夸孩子努力，并举出了心理学实验的证据。

斯坦福大学教授德维克用10年时间，跟踪调查了纽约20所学校的400名学生，他把孩子分为两组，进行了三轮不同的实验。实验就是给他们不同的测试题，第一组孩子一开始就说他们很聪明，有天分，第二组孩子一开始就说他们非常努力，表现很出色。

三轮实验结束后发现，被夸奖聪明的孩子最后成绩退步20%，而被评价为非常努力的孩子最后成绩提高30%。

所以经常夸孩子聪明，孩子反而不愿意接受挑战，成绩会越来越差；而被夸奖努力的孩子更乐于接受挑战，会越来越优秀。

但在实践中，家长要灵活运用，少夸孩子聪明，完全做到不夸孩子聪明比较难。因为聪明的孩子会从各项活动中感受到，他就是能更快地接受知识，并灵活地运用知识，同等情况下取得更好的成绩。家长回避不了，有时候无论是老师还是同学也会由衷地夸奖孩子聪明。

家长要大大方方地夸他聪明，但不可常夸，更重要的是要给聪明的孩子指出来，聪明人需要有远大的志向，需要更加努力，能做出更大的成就。要明白"山外有山，人外有人"，聪明人也会"聪明反被聪明误"，也可能"怀才不遇"。因此，家长不要以聪明和不聪明来评价与判断孩子未来的发展和前途。

4. 表扬要做到真切和真诚

青春期孩子是"真""伪"的识别器。他们非常敏感地知道家长是否真心夸他。家长在夸奖他时要体会他的内心，不能孩子没有考好，很伤心，他在后悔，你还在夸他。有个孩子说："我就是不够认真才没有考好，我妈还在夸我，她特别假。"

家长在夸奖孩子之后，少加"但是"。否则，孩子认为你夸奖他的目的在"但是"里。慢慢地，他就会怀疑你夸他的真实意图。例如，孩子这几天能够早睡早起，你可以直接表扬，"这几天很不错，能够早睡早起，希望你做个自律的人"。不要加一句"但是后来学习效率不高"。

5. 夸奖看主流，切忌"完美主义"

班主任号召孩子们回家后帮助家里做家务，有个孩子后来对老师说："我周日把家里先用笤帚扫了一遍，后来又拖了地，但是我妈妈还是批评我了，因为拖完地，拖把没有洗干净。她说，还不如她自己做。"

夸奖孩子的最大障碍是家长的"完美主义"。这是人的思维缺陷，大家都可能有。如果说孩子做某件事情，是由10个部分组成的，有8个部分做好了，有2个部分没做好，家长往往因这没做好的2个部分而批评孩子。优秀的家长真心地觉得孩子在成长，会针对其他8个部分来夸孩子，孩子在实践中会越来越好，并主动弥补不足的2个部分。

通过这些方法，孩子能够感受到家长的爱，家长也把美好的品质逐渐根植于孩子的内心，让他感觉自己是一个好孩子，也让他产生安全感和自信。

家长要从指出孩子错误，逐渐学会有方法地夸孩子。过程如下：

指出错误—夸孩子（形式上的夸）—夸孩子（真心夸）—夸孩子（有方法）。

每一步都是进步，我们并不要求家长一下就学会很巧妙地夸孩子。关键是要转变观点，从找到孩子的缺点，到真诚夸奖，再到具体夸奖。

二、提供平台，锻炼成长，增强价值感

曾经有三个家庭外出旅游。路途中，其中有一个高中生能主动地帮助大人做事情，如搭帐篷、网络搜索饭馆等，并且很熟练。但是，另外两个年龄相当的孩子则很被动，别人干活的时候，他们玩手机，等大家把饭菜都摆好了，才来吃饭。后来，大家请教高中生的父亲是怎样培养孩子的，

父亲说:"凡事让他参与着干,开始也做不好,我们就耐心地教他。无论怎样我们都鼓励他,慢慢地,他做什么事就主动了,也能干了。"

北京体育大学心理学张凯教授,通过多年对国家高水平运动员的培训和辅导,深有感触地说:"真正的自信是做出来的。"

多给他提供平台,让他多思考、多锻炼,才能在失败中提高能力,在进步中提升其价值感。孩子觉得自己在很多方面是优秀和有价值的,更愿意和外界沟通,也减少了对外界评价的抵触。

家长可以通过很多方式为孩子提供机会,小到帮助家长拿东西、做家务,大到让他参与外出旅行的选址、计划制订和困难解决。

向孩子学习和请教也是一种有效提升价值的方法,同时还能密切亲子关系。

我校有一名女学生,与母亲关系曾经处于比较僵的状态,后来变得融洽起来。起因是有一次妈妈参加单位演讲。妈妈没有经验,于是她请教孩子有什么方法,孩子运用在学校经常演讲的经验,结合网上资料,教给母亲一些演讲的方法和技巧,如如何分析演讲稿、缓解紧张等,母女俩一起练习。后来,妈妈获得好成绩,母女俩都很高兴,关系改善不少。

现在信息技术发达,孩子是信息技术的原住民,很多知识比父母还精通。还有很多孩子更擅长的事物,如现代音乐、书籍、电影等。家长可以让他们帮助解决手机问题、信息问题,向他们学习,家长会有很多收获,会感觉养孩子是一件多么美好的事情。

三、帮助接纳,面对困难和失败,培养自信心和安全感

一天,孩子放学后伤心地对妈妈说:"班里有几位同学这几天老在一起说我臭美。我不知道该怎么办。"妈妈一听,有点不耐烦地对孩子说:"到学校是去学习的,你管其他人怎么说,你怎么不向学习成绩好的同学看齐,埋头学习呢?"孩子悻悻地走了。

在学校,同学关系是严重影响孩子情绪的因素,学生会遇到各种问

题。如果父母不仅不帮他，还责怪他，他可能就会关上心门，不向你吐露心事了。

当孩子向你求助时，你可以倾听他内心的声音、事情的缘由，一起分析问题，帮助他解决问题，也可以提供不同参考意见让他选择或者尝试。如果没有好的答案，你们也可以上网或者请教别人，成为他的参谋。

需要注意两点：一是不能要求他必须按照你说的去做，要尊重他，如果不是原则性问题，允许他尝试和犯错，从实践中成长。二是，孩子在向你求救时，有时候还有些问题不想让你知道，也不要强求，你只需做能帮助他的事情。孩子还希望通过自己的努力来解决。

所以家长定好位，你是参谋，是帮手，而不是主角。

当孩子做错事的时候，家长的态度是孩子是否具备安全感的重要因素。家长要接纳和帮助孩子，使其在错误中汲取经验，增强应对的能力。

这个时候，家长是他的港湾，是他的舵手。

四、实时评价，潜移默化，建立三观

《庄子·秋水》有："夏虫不可语冰，井蛙不可语海。"

请你想一想，生活中有没有这样一个人，你与他在某些问题上根本无法沟通。如针对两个正在发生战争的国家，你们分别有不同的看法。如果想交流，就是争辩、抬杠，最后不欢而散，更有甚者互相轻蔑、敌意。

如果你们是普通的同事关系，你可以选择性交往，甚至回避不交往。但是，如果遇到的是你的孩子，你就无法回避。

常有家长说："跟他讲不通道理，你说怎么办？"要想与孩子顺利沟通，需要做好两件事，一是在孩子形成观点之前；二是在孩子形成观点之后。

人的思想犹如一个花瓶，先入为主。你先装入的是美丽的东西，外来的东西就不容易进入。如果它是空的，一旦遇到不好的环境，花瓶就装满了污秽的东西，清洗都不容易；如果你装入错误的观点，最后就是错误的结果。

曾经有个学生，听说别人在背后说她的坏话，非常生气。回家后，就在网上攻击那个说她坏话的同学,并很快传播,造成了恶劣影响。当老师问她为什么这么做时,她说:"别人告诉我:人不犯我不犯人,人若犯我我必犯人。"可是她不知道这句话不能简单地运用到同学关系上。学校对其进行了严厉批评,最后她删除网络语言,并进行赔礼道歉等。

后来,孩子妈妈对我说:"老师,以前我们没有重视对孩子做人的教育,我们没有给他讲与人相处的方法。当同学之间有问题时,不能以恶制恶,要想更好的方法,更不能什么事情都随意上网。"

家长要有意识地让孩子参与到生活中,包括家族群体、同事朋友群体。家长常常觉得孩子现在就应该谈学习,其他的不要关心。如果这样,家长培养出来的孩子今后很难融入社会,他遇到问题也不会解决。

所以,家长平时要对周边的人和事作出客观评价,把自己的观点潜移默化地植入孩子内心。对人情世故进行评论,不是说别人坏话,而是教会孩子识"人"、做"人"。例如,某个亲戚在整个大家庭里常常帮助大家,得到其他人的尊敬;另一些人非常自我,即使智商很高,大家也不喜欢,等等。这样,家长培养了孩子辨别是非、愿意承担责任的意识。

同时,对时事新闻的评价是家长培养孩子正确三观的另一条渠道。通过评论,孩子了解国家大事、观点和事情的因果关系。

历史是生活最佳的教科书,一起学习评论历史事件和人物,孩子从中取其精华、去其糟粕,建立正确的历史观,为今后的历史学习打下基础。

孩子已经与家长产生不一样的观点,如果不是原则性问题,家长可以先回避,去寻找能与他达成共识的人,进行沟通,获取信息和建立情感。

孩子与家长的观点不一致,也不是绝对的坏事,也许他们有更广的视野。所以,家长要换位思考,允许不同观点存在。

五、有效陪伴,积极向上,全面发展

陪伴是最长情的告白。陪伴孩子成长是人生中一件重要并快乐的事情,也是孩子最幸福的事情。家长与孩子在共同的活动中,共享喜怒哀乐，互相了解，互相影响。

这里有几层含义。

一是与孩子一起过普通的生活，家里常常是母亲做得更好一些，在这个方面北美和欧洲人比较重视，他们会把家庭生活看得非常重要，会为了陪伴孩子而推掉一些应酬。

二是与孩子共同培养兴趣，例如，有的家长与孩子一起跑步、打球、旅游、共同阅读，等等。在共同的活动中，加深感情，互相帮助，增强亲子关系。有一个母亲为了培养孩子的毅力，与孩子一起报名参加穿越沙漠的活动。行程开始，母子俩互相帮助，但后来，母亲慢慢变得艰难，最后在儿子的帮助下，走出了沙漠。母子俩相拥而泣，关系变得更加和谐。

三是支持孩子，培养他的兴趣爱好。我校有一个孩子曾经迷恋周杰伦。他的父亲又特别不喜欢周杰伦，因为歌曲旋律不是他喜欢的类型。但是他支持孩子的喜好，帮助孩子一起收集周杰伦的资料，购买海报。在这个过程中，父亲发现周杰伦小时候练习特别刻苦，在身体不好的情况下，能够克服困难，遇到很多挫折，于是让孩子向他学习。

这样的陪伴，对家长也大有收获，可以拓宽家长的视野，跟上时代的潮流。我也如此，如果不是我的女儿喜欢唱歌，我根本没有机会听很多当代的歌，我也不会阅读她喜欢的一些书籍。非常感谢我的孩子，她让我的思想汲取了更丰富的养料，让我对年轻人有更多的了解。

孩子各种观点的建立，以及本身具有的价值感、安全感、自信心都是在父母的陪伴中形成的。这样培养的孩子不仅在青春期积极阳光，未来走向社会同样让人放心。

但是，青春期孩子也不是事事都需要陪伴。很多时候，他们需要独处，或者与同学相处，所以家长要给予尊重。

第三章

情绪管理：接住孩子的情绪比纠正对错更重要

英国心理学家拉姆斯登曾说:"如果用一个词来形容青少年,非'情绪化'莫属。"他们一方面热情、专注、意气风发,同时又喜欢与人对着干、好争论、易怒,就好像打乒乓球一样,常在两个极端飞来飞去。

这种情绪化,会引起孩子的心理和行为发生变化,发生各种冲突,也会给父母带来困惑和痛苦。如果双方不能很好地调节情绪,会严重影响亲子关系,甚至导致孩子走向歧途。

张扬因多次打架被原校劝退,又因户籍属于我校招生范围而转入。

为预防再犯,老师和父母对他进行了教育,他承诺不再打人。然而,第二周,他就认为其他同学的言语挑衅了他,再次打人。父母再次被请到学校,深感悲伤和气馁。我也既气愤又担忧,既担心他留在学校,影响其他同学安全,又顾虑他年仅 14 岁,如果离开学校,未来怎么办?

于是决定再次想办法帮助他。

通过分析,我们发现张扬情绪控制能力非常弱,遇到外界的刺激习惯通过武力反击,还把责任归咎于其他人,他父母也认可别的孩子有错的观点。

但是一旦孩子受到学校教育处罚,其父母简单地批评孩子,并相互指责,母亲常因自责失眠。

我们与他父母一起分析原因并探讨改进方法。随后,安排他们进行多次复盘,学习控制情绪的方法。后来他再未打架。

孩子们或多或少的情绪问题时常出现。中学阶段是孩子一生的黄金时间,如果没有学会解决情绪问题,打好情绪控制的基础,不仅影响当前,也影响孩子的未来。

诺贝尔奖获得者戈尔曼展示了一个成功的公式,得到大家的认可,即成功 =20% 智商 +80% 其他。"其他"包括情商、机遇、环境等,其中,情商是最重要因素,情绪稳定是情商高的重要条件。

孩子们的情绪化是如何产生的?孩子如何调节情绪?面对孩子的问题,如何控制情绪并帮助孩子,是青春期家长面临的又一重要课题。

❤❤ 丰富多彩的情绪，是喜还是忧

人的一生，每个时期都有其独特的美，也会有各自的不足。如果只盯着不足，你就看不到美和希望。希望人们在知道不足的情况下，更多地看到美。

青春期的孩子情绪不稳定，既有自身原因，也易受外界影响。家长的情绪稳定和调节能力强，能给孩子潜移默化的正向作用。否则，会加剧孩子的情绪化，且并不自知。

每个孩子的情况都不一样。很多孩子有以下情况中的一种或者多种，家长可以对照自己的孩子，有以下哪种情况。

一、情绪波动大：青春期孩子的普遍现象

青春期孩子，他们的情绪非常容易被点燃，可能会经历从极端高兴到极端悲伤的快速转变，表现出喜怒无常的特点。

当你告诉孩子节日里准备外出研学时，他会高兴地手舞足蹈；当你提出要写游记时，他又可能像泄了气的皮球一样无精打采。

有一个班级，在前一年的运动会上，他们输给了兄弟班。当时，孩子们非常悲伤，有些孩子都哭了。第二年运动会的前一个多月，有同学提议不能再输给兄弟班，同学们当即决定下午就开始训练，周日也不休息，最终在运动会上战胜了兄弟班。最后总结道："只要我们团结，努力拼搏，没有做不到的事情。"

在良好的环境里，他们容易被真善美所感动，做出有益的行动。学校开展各种各样的活动就是为了激发他们积极向上的情绪，"开学典礼""国

旗下讲话""学习标兵表彰会""129大合唱"等,都如此。

家长可以抓住各种时机开展活动,让孩子对生活充满更多激情。

例如,"生日会"不仅仅是开心地吃喝玩乐,更要知道每个生日的意义,总结一年的收获,制订新的计划,明确努力的方向。

相反,在不良环境中,孩子受到消极情绪影响,容易发脾气。例如,有的孩子一听到别人说自己的坏话,就跟人理论,甚至打架。

二、叛逆:大部分孩子的现象,部分孩子明显

孩子不愿意听从父母的安排,并且专门与父母对着干,严重时有孩子说:"我就不想让他们满意了。"

孩子们在家里的叛逆现象更明显。在家里,他们一般更自然、放松,也知道父母会爱他们,所以往往更任性。有一次,班主任当着一个孩子的父亲的面夸奖了孩子在学校的良好表现。家长困惑地说:"老师,你是不是说错了,他在家里可不是这样,常常跟我对着干。"

正常发育的孩子都有叛逆心理,但却不是所有孩子都有明显现象。

三、焦虑情绪:青春期孩子的常见现象

焦虑情绪是对未来事件或不确定性的担忧、恐惧或不安。

在现代教育环境下,孩子们的压力较大,时常会出现焦虑情绪。例如,担心考试成绩不理想、不能很好地交友等。

适度的焦虑有利于孩子们成长,当他们面对困难时,激发他们克服困难的决心和信心以及行动。例如,担心考不好某一学科而认真复习。

但是,过分焦虑则会对孩子的学习和生活产生不利影响。例如,有的孩子担心自己考试成绩不好,头天会失眠;有的孩子会有生理现象,一到考试前,就出现肚子痛、拉肚子,或者考试前几天就感冒发烧等情况。

焦虑情绪可能随着时间和情境的改变而消失。

长期焦虑会引发焦虑症,焦虑症是需要医生诊断的一种精神障碍。

四、抑郁情绪：少数青春期孩子的现象

抑郁情绪是一种消极心理状态，表现为自卑，自我否定，对什么都没有兴趣，可能伴随身体和认知症状。

我校有一名学生，上高中后，她发现自己很难融入集体。后来，又与一个同学闹矛盾，她感觉非常孤独和沮丧，开始对学习和生活失去兴趣，出现吃不好饭和睡不着觉的现象。

严重抑郁会引发厌学、逃学或其他严重现象。这种情况在极少数人中会出现，近几年这种现象逐渐增加。这是家长们最担忧并且亟须解决的问题，需要专业医生诊断，特别需要父母的观点和行为的改变。

抑郁症，也需要医生鉴定。

看到以上各种现象，很多家长已经能够判断孩子目前的情绪状态，大部分孩子的情绪都处于正常范围，这是青春期现象。

只有极少数孩子患有抑郁症和焦虑症，除需要家庭的辅导外，还需要专业人士的帮助和治疗。

掌握"激素"密码，顺利开启青春期

为什么青春期孩子的情绪化如此突出呢？

这是他们突飞猛进的生长发育和剧烈的中高考竞争压力叠加在一起的结果，也就是内外因两种因素影响造成的结果。

主要包括内在生理发育的三个方面。首先，激素分泌的增加，给他们带来了更大的能量和激情，并引起身体其他各系统开始迅速生长发育。其次，神经系统的迅猛生长，神经元相互连接迅速增加，使思维能力增强，他们产生较强的独立意识。最后，大脑发育不均衡，大脑的边缘系统发育已经比较成熟，导致青少年对情绪刺激的反应增强，但控制情绪的大脑结构前额叶发育迟缓，表现出孩子的情绪控制能力弱。

外在的中高考压力使他们常常处于情绪亢奋和失落中，再加上家长各种教育方法不恰当，自然造成这种现象。

影响青春期情绪的主要因素如表 3-1 所示。

表 3-1　影响青春期情绪的主要因素

影响因素	内因			外因
人体系统	激素	神经系统		升学压力、教育方式
生理	激素分泌	神经系统发育	大脑发育不均衡	—
现象行为	身体发育	独立意识增强	情绪控制能力弱	情绪亢奋或失落

一、"激素风暴"给人带来哪些变化

决定青少年的身体和心理剧烈变化的首要因素是激素分泌开始迅速增加。它使青春期充满活力、探索和变化，是走向成人的重要阶段。

在小学，男孩的声音跟女孩一样，清澈、明亮、高亢。很多孩子到初二后，开始变声，出现音质不稳定，音调难于控制现象。所以，音乐老师一般会回避这些孩子参加合唱比赛。到后来，男孩的声音变得低沉浑厚。

青春期男孩和女孩的身体发生明显分化。男孩逐渐健壮起来，女孩更加柔美，这是身体激素开始大量分泌的结果。同时，它像一场"激素风暴"，给青少年的情绪带来了前所未有的挑战。

同时，孩子们对异性产生向往和好奇，会逐渐对异性感兴趣。很多孩子开始起哄："谁跟谁好。"有一些孩子产生暗恋某人，有少数孩子开始尝试恋爱，等等。

这种内在的情绪和外在的行为变化犹如变声期的过程一样，从一种状态进入另一种状态，过程中的不稳定是常态，无论男孩还是女孩，都不能回避。

青春期"激素风暴"随着青春期的到来而出现，青少年体内性激素水平迅速增加，体内开始大量分泌雌激素、雄激素等性激素。在这些激素的作用下，孩子们的身体发生明显变化，形成第二性征，如男孩子开始长胡须，女孩身体开始发育。

这无形中影响他们的心理状态。由于激素水平不稳定，性激素对人大脑的刺激作用，他们更容易感受到情绪的作用。他们的情绪更容易剧烈波动，变得易怒、焦虑，甚至出现抑郁症状。

这些情绪变化，常常让青少年感到困惑和无助，也给他们的日常生活、学习和社交带来不小的挑战。

激素分泌对男孩和女孩的影响有共同点，也有不同点。男孩体内的雄激素，使青春期的孩子更有攻击性、竞争性和冒险行为等，在学校里的表现是，男孩之间更容易爆发激烈的争执、打斗，他们更容易从冒险中获得快乐，分泌更多多巴胺。

女孩体内的雌激素，更进一步改善记忆和认知能力。同时，更加敏感、情绪波动。人们常说女孩的心事你别猜，猜来猜去猜不明白。在学校里的表现是，女孩子之间的矛盾增加，争执和生闷气现象增加。

虽然激素分泌对人体影响比较大，但绝大多数孩子都能摇摇晃晃地通过。

二、用怎样的积极行动，顺利开启青春期

为了更轻松地驾驭青春期情绪，以下是一些实用的方法家长要帮助孩子做到。

积极参与运动：运动是释放压力、提升情绪的良药，也是强身健体的手段。青春期孩子每天都需要运动，直到高考都如此，选择喜欢的运动项目，如跑步、打球等，并坚持下去。

培养兴趣爱好：投入你热爱的活动中，无论是音乐、绘画、阅读还是其他任何兴趣爱好，都能帮助你转移注意力，调节情绪。

中学生有时间和精力投入到爱好中，只是随着年龄的增加，逐渐减少。我班上有个女孩从初一开始学习古筝，后来考上了人民大学。当你沉浸在自己感兴趣的事情中时，很容易忘记烦恼和压力，让心情变得更加愉悦。

保持规律的作息：良好的睡眠质量对稳定情绪至关重要。确保每天有足够的睡眠，并尽量保持作息规律，有助于调节身体的生物钟，从而稳定情绪状态。

建立支持网络：培养和谐的亲子关系，或者结交知心朋友，分享你的感受和困惑。他们的支持和鼓励是情绪稳定的重要支柱。同时，可以考虑加入一些社交团体或组织，结交更多志同道合的朋友，共同面对青春期的挑战。

学会自我激励：当面对困难和挫折时，学会给自己积极的暗示和鼓励。相信自己有能力克服一切困难，这种积极的心态有助于提升自信心和情绪稳定性。

寻求专业帮助：当自我调控无法有效缓解情绪问题时，要寻求专业心理咨询师的帮助。他们可以提供更专业的指导和建议，帮助你更好地应对青春期的情绪挑战。

减少刺激因素：减少那些能够给人壮胆的饮食和环境，例如，喝酒、看动作片、观看球赛等。这些行为会增强孩子们的攻击性。

支持"独立意识",适当调整情绪

因为青春期孩子身体开始发育,他们的神经系统也开始发育,首先是大脑各部分神经元之间的连接不断优化,传递信息的速度加快,促使他们思想能力增强,引起一系列心理和行为上的变化。

一、"独立意识"觉醒,"逆反"来袭

中国教育学会理事王占郡讲过一件事。有一次,他开车带女儿上课外班。女儿坐在后座上喝咖啡,他担心咖啡洒了,就叮嘱了一句:"把咖啡杯放在卡座上,别洒了。"话一说完,他就心想:坏了!果然,女儿烦躁地冲他大喊:"我刚想放,你就提醒我,你说我放还是不放呢?我如果放了,算你的还是算我的?"

这样哭笑不得的事情,其他家长也可能遇到过。孩子们觉得自己能做出决定,不用家长"多嘴",并且以家长帮助为耻,还不顾及别人的感受。

家长觉得这样的孩子不识好歹。

这就是他们希望独立的一种表现。从人的发展来看,这是他们从儿童向成人过渡的重要标志,也是他们个性形成的关键时刻。这是青春期神经系统发育的一种表现。

这种情况,让家长们很不适应。孩子们为了获得大家的认可,往往用力过猛,不愿意接受外界的意见和建议,他们在很多方面想完全与父母切割。

孩子们的很多行为,体现了从依赖家长到摆脱家长。在很多事情上他们希望自己做主,不再满足于被动地接受父母的安排。

例如,以前往往家长给买衣服,现在他们要求自己买。但是很多孩子

会买夸张的服饰，上面印着各种古怪图案或者文字，颜色或者深或者艳丽。

以前报兴趣班的时候，会听取父母的意见，现在更喜欢根据自己的喜好来做出选择。

这是他们在探索自己的爱好，尝试各种可能性。这些在家长看来，有的适合，有的不适合。

孩子有时故意与父母对着干，根本不判断是否正确，以此来宣示自己的独立并通过这种方式来证明自己的存在感和价值感。这让家长非常气恼。

另一种现象更让家长窝心，那就是不听家长的。他们会听小伙伴的或者其他他们认可的成人的话。有时非常盲目。

这个时候，孩子的口头禅大多是"同学说……"

孩子们买的球鞋是同学介绍的品牌，而不是妈妈希望买的品牌。家长感觉同学的一句话胜过自己 10 句话。

有时候，他们还会听他们认可的成人的话。

有一个高中生，物理成绩一直上不去。他的妈妈通过观察，发现孩子学习方法上存在问题，但是她跟孩子讲解的时候，孩子就是不听，并说："你这个方法太老土了。"后来这位家长找到一位孩子认可的叔叔，把她的意思转述给这位叔叔，让他给孩子讲解。后来，孩子对她妈说："看，还是某某叔叔厉害，讲的就是有道理。"

现在想一想，在短时间内，孩子会发生很大变化：一个听话的乖孩子，变成逆反的孩子，不断发生亲子冲突，家长的话不听，听同伴或其他成人的话……

家长真地会感觉自己将被替代，失去掌控权，感觉到担忧和失望。家长一方面感觉失去了孩子，另一方面心里受到伤害。因为家长知道社会的复杂，也希望把人生的经验和智慧传授给孩子，但却无能为力。

二、思想上支持，行为上有方法，不较劲

以上情况，家长应该如何面对呢？

首先，家长思想上要有所改变。要对孩子独立意识产生的时期有一个清楚的认识。孩子正处于一个探索的时期，他们在寻找自我价值和兴趣爱好。等过一段时间，他们虽然学会独立，但他们会逐渐听取一些父母的意见。

大家还记得这样一句话吗？"父母爱孩子，是为了跟孩子一次次分离。"所以，要为他们的独立感到高兴。

在孩子眼里，他的行为不是针对你，家长不要太紧张。他只是为了探索，为了说明"我能行"。知道他是故意与家长对着干，家长不要与他较劲。

一个孩子的父亲，是一位知名学者，曾经感慨地说："无论你多聪明，他都不一定听你的建议；无论你多有品位，他还是有可能去找他的朋友去讨论；无论你多想帮他，他还是要自己做决定！"这就是初生牛犊不怕虎呀！

但是，如果方法不得当，有时候会产生"割裂"，并且留下后遗症。

其次，要给孩子空间，要适当地放手。

孩子在一定范围内的逆反是允许的。他们就是在探索，需要在实践试错的过程中成长。有如小鸟离巢后，在一次次跌落中学会飞翔。

大家还记得船王和儿子的故事吗？一个船王希望儿子掌握驾船技术。船王教得用心，儿子学得虚心。后来，儿子驾驶轮船的知识已十分丰富。船王便很放心让儿子独自出海，但儿子却再也没有回来。儿子死亡的原因，只是一次对于渔民来说微不足道的台风。

船王十分伤心："我真不明白，从他懂事起我就教他如何驾船，我多年积累的经验，都毫无保留地传授给他了。可是，他却在一个很浅的海域里丧生。"这时，有位老人问他："你一直手把手地教他吗？"船王回答："是的。"

老人说："你也有过错呀。你只传授给他技术，却不能传授给他教训。对于知识来说，没有教训作为根基，只能是纸上谈兵。"

很多真正的教训是通过自己实践获得的。

所以，家长要根据孩子的情况，既要给孩子帮助，又不要管太多"闲事"，要让孩子在实践中获得真知。

心理学家德鲁克说："犯错误是学习的好时机。"

要让孩子有"隐私"，这些隐私有时候是他们探索世界的一种方法。

当孩子叛逆的时候，家长可以提前告知孩子风险。如果孩子执意要做，假如不涉及安全等重大事情，家长要允许孩子去做。如果孩子做对了，要夸奖；做错了，不要讽刺挖苦，孩子自己会有一定的反思。家长的引导会对孩子有更大的帮助，培养孩子的探索精神。

家长要特别允许他做一些与你的观点和看法不一致的事情，小到所买衣服的款式和颜色，大到做一件你认为不可能做的事情。

家长应该避免过度干预孩子的选择和活动，同时提供必要的指导和支持。

张珊珊就读的学校与妈妈的单位很近，一直是妈妈开车顺路接送。但是最近，她强烈要求自己骑自行车上学。妈妈不同意，说："路上车太多，太危险，我也是顺便不浪费时间。"但是，孩子仍然坚持，并说："很多同学都自己骑车上学。"妈妈这才理解了孩子：她是希望加入同学的群体，也希望自己能够独立做事。于是，妈妈带着孩子，陪伴她骑了几次自行车，引导她观察路上情况，讨论注意事项。

最后，在给予自由的情况下，要有一定规则。研究表明，自由与规则结合的家庭教育方式最有利于孩子的成长。这意味着家长既要有一定的规则和期望，也要给予孩子适度的自由，让他们有机会自主决策和承担责任。

在一些重要的生活和教育决策上，家长可以邀请孩子参与讨论，听取他们的意见和建议。这不仅能增强孩子的参与感和归属感，也有助于提高他们对规则和期望的理解和接受度。

当然，家长与正处于独立期的孩子相处，要更多地进行良好的亲子沟通，给予孩子信任，这是孩子度过独立期的基础。

一个孩子从不成熟到成熟，必然要经历几个过程，才能变得成熟和社会化。

强化情绪控制的薄弱环节，让孩子变成熟

很多家长发现，青春期孩子做事情反应快，爱冒险，学习能力强，对电子产品的很多功能无师自通，能帮助家长解决许多问题。

有时候，孩子常常把应该做的事情放一边，先沉浸在自己喜欢做的事情里。例如，先玩游戏或打球，再做作业。

有时候，说话口无遮拦，用家长的话来说："不过脑子"。

以上情况是不是让大家喜忧参半呢？喜的是，他们学习新事物能力强；忧的是，有些习惯会影响他们做重要事情，错过人生的黄金时期。

前面我们已经介绍，青春期孩子的大脑发育是人生最迅速的两个时期之一。

一些神经学家认为，大脑的神经连接在 12 岁时达到顶峰。16 岁左右，人的运动和学习能力同时达到顶峰。所以，你会看到，青春期孩子打电子游戏的水平相当高，他们敲键盘的速度令人目不暇接。

一、大脑发育不均衡，情绪控制能力弱

人犹如一台精密的仪器，在人生的道路上，每个人都仿佛驾驶一辆汽车驰骋在公路上。这辆汽车的油门就像我们的情感，而刹车则代表我们的理智。它们共同掌控我们的内心世界，让我们的生活时而加速，时而减速或者停止，保持动态的平衡，不断向前。

但大脑的这种平衡是慢慢发育起来的，如图 3-1 所示。人的情绪"油门"由大脑中的边缘系统决定，它对人的情绪、记忆和感受奖励等方面，有重要作用，在 15 岁之前就已经发育成熟。所以，这个时候孩子情感充

沛，精神激扬。

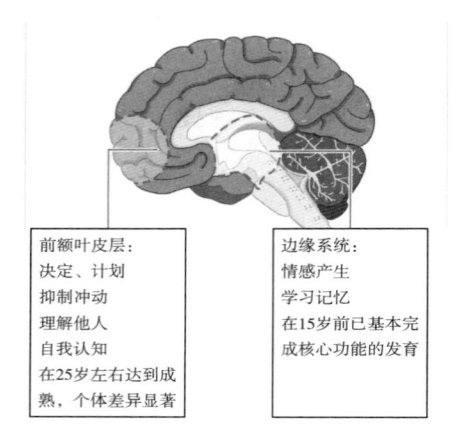

前额叶皮层：
决定、计划
抑制冲动
理解他人
自我认知
在25岁左右达到成熟，个体差异显著

边缘系统：
情感产生
学习记忆
在15岁前已基本完成核心功能的发育

图3-1 大脑平衡发育过程

而人的情绪"刹车"是由大脑前额叶决定的，对人做计划、决定、抑制冲动、理解他人、自我认知等方面发生作用，开始发育的时间较早，但发育速度相对较慢，要25岁左右才能发育成熟，这个时候，孩子已经度过学生时期。

这是青春期孩子情绪控制能力弱的原因之一，情绪能够迅速激发到很大程度，但控制情绪的能力还很弱。我们看到孩子对周围事物敏感，自我中心比较明显。因为孩子的大脑结构如此，很多行为是控制不了的。

1848年，美国工人盖奇在一次铁路工地的事故中，被一根铁棍穿透头颅，伤害了前额叶，却奇迹般地活了下来。然而，事故导致他的性格和行为发生了显著变化，原本认真负责、友善的他变得粗鲁不雅、情绪易怒、固执。

科学家们还研究了其他患者，发现前额叶的损伤，还会出现选择困难情况。更关注眼前利益，忽视长远结果；更喜欢随心所欲，不做应该做的事情；在与人的交往过程中，不能判断对方的情感等因素。

孩子的大脑，没有完成发育。现在家长能理解孩子的这些行为了吧？

家长理解孩子，不是为了顺其自然，而是为了顺势而为。在保持孩子优势的情况下，能够克服弱点，培养更优秀的孩子。

二、常打人的孩子是如何改变的

前面多次打架的孩子就是前额叶发育迟缓的一种典型表现，也是一种不成熟的表现。

张杨以前多次打人。这次因为有同学玩闹阻挡了回教室的路，他大吼："别闹了，为什么欺负人？"一个同学说："刚转来的，你算老几？"孩子气得冲上去，打了别人。

刚开始，张杨和家长都很不解，他们觉得其他同学有错在先，如果张杨不出手就表现"怂"。

我告诉他们，与人相处不是一个简单的是非对错问题。所有同学都生活在同一个环境中，只有张杨与人发生的冲突最多，这说明张杨需要调整。

然后，我们仔细复盘整个过程，看哪个环节是能控制到不打人的环节：

第一步，"张杨回教室受阻"，是同学们常会遇到的事情。

第二步，"张杨生气"，是回班级受阻的正常反应。

第三步，"张杨发火大吼"，是孩子对环境不理想的行为反应。

第四步，"其他同学讽刺张杨：刚转来的，你算老几？"，是张杨受到的第二次刺激。

第五步，"张杨打人"，是最后的行为结果。

通过分析，我们一致认为，问题关键在：第三步发火大吼之前缺少一个环节——思考。张杨应该想："他们为什么在这里推搡？我现在吼别人好不好？我是新来的同学，别人怎么看我？"

思考这个环节就是前额叶决定的控制环节，青春期孩子比较缺乏。由于缺乏思考，放任了情绪发泄，直接进入"发火大吼"状态。

如果增加"思考"环节，就不会引发直接后果。

关于第四个环节，"其他同学讽刺张杨"，笔者建议，父母站在其他学生的角度思考，其他同学对张杨质疑的可能性大不大？虽然被打同学的说法有点过激。他们想了想觉得其他孩子也可能这样说，但不会说得这么难听。这个过程进一步激发张杨的情绪。

我问张杨："别的同学说你后，你是怎么想的？"张杨说："我也没想什么，就出手了。"

看来张杨用"拳头"解决问题，已经成为习惯。同样在出手之前，他缺乏思考的环节，没有想后果。

张杨没有控制自己情绪的意识和能力。所以，孩子要在行动前增强控制的环节。家长要帮助孩子强化控制能力，做孩子"前额叶"的助手，让孩子在采取行动之前，慢半拍。思考以下几个问题。

（1）我了解真实的情况吗？

（2）如果这样做有什么后果？

（3）还有没有其他更好的方法？

后来，我们一起用新的方法，对这次事件进行复盘，让张杨在遇到各种情况时，思考以上问题。家长帮助孩子一起思考得出："我是新转来的学生，同学们的关系我不了解，他们也许在开玩笑。""如果我不了解情况，就吼大家，其他同学会怎么想我？""再观察一下，他们在做什么？如果需要我帮助，我再出手。"

然后，我给孩子和父母布置了家庭作业，对以前几次打人的过程，同样进行复盘，思考以上三个问题，强化"不打人"关键环节，也就是强化"前额叶"的作用。

第二天，孩子妈妈发短信说："昨天，您给我们很大的震动和启发，困扰我们的问题终于看到了一丝希望。非常非常感谢！"

前额叶发育不成熟，孩子们并不知道。受到刺激，就容易激动，采取行动，还常常觉得自己是正确的，自己是受委屈的。

家长和老师要引导他们有意识地学会控制情绪。

如果孩子控制不了自己的行为，家长和老师要与孩子商议，做他们的"前额叶"。

例如，有的孩子学习时管不住自己，看手机，家长与孩子商量好，在平时把手机上交给父母。

三、分辨薄弱环节，理性对待，变成熟

以上孩子打人的过程包括三个步骤：回班级受阻——生气想大吼——发火大吼。

通过教育后变成了四个步骤：回班级受阻——生气想大吼——思考评判——观察。

因为多了一个环节，行为结果发生了变化。实际上，这也是不成熟人与成熟人做决策的区别，如表3-2所示。

表3-2 不成熟人与成熟人做决策的区别（一）

类型	A：诱发事件	B：感觉与认知		C：行为结果
	1.感官刺激	2.情绪反应或习惯（我想这么做）	3.推理评估（这样做对吗？）	4.行动
不成熟人做决策（青春期孩子）	回班受阻	生气，并想大吼	—	发火大吼
成熟人做决策	回班受阻	生气，并想大吼	思考：大吼后结果是什么？结论：不能感情用事	观察

所以，成熟人做决策时，包括四个环节：感官刺激、情绪反应或习惯、推理评估、做出行动。其中，判断和评估环节非常重要，由他判断行为后果，考虑长远利益，或者兼顾眼前和长期利益。

青春期孩子由于前额叶皮质发育不完善，所以他们缺乏推理和评估的过程。往往只有三个过程，即感官刺激、情绪反应、行为结果，也就出现了孩子们情绪化的情况，或者习惯随意性的行为。

还有一个现象也是孩子们常常出现的，就是虽然进行了第三步，推理评估，但还是情绪因素战胜了理智因素，最后的结果仍然是错误的。

有一次，孩子的父亲下班回家后，发现孩子不在家，最后在游戏厅找

到他。父亲非常生气，质问："让你不要打游戏，为什么还去？"孩子说："我也不想去，但是路过游戏厅的时候，同学说要去，我又不好意思说不去。"再次看不成熟人和成熟人对此事的决策区别，如表3-3所示。

表3-3 不成熟人和成熟人做决策的区别（二）

类型	A.诱发事件（外在刺激）	B.感觉与认知 1.情绪反应或习惯（我想这么做）	2.评估判断（这样做对吗？）	C：行为结果
不成熟人做决策	路过游戏厅，同学邀请玩游戏	一定很好玩，我也想去，再说不玩不够朋友	回家学习，不应该玩，（如果"想玩"战胜了"回家学习"）	玩游戏
成熟人做决策	路过游戏厅，同学邀请玩游戏	一定很好玩，我也想去，再说不玩不够朋友	回家学习，不应该玩，（如果"回家学习"战胜"想玩"）	不玩游戏

最考验人的是自然的"情绪反应或者习惯"和"评估判断"相矛盾。如果评估判断战胜了情绪反应，孩子就会做出理智的反应。

著名教育家魏书生老师说："我觉得教育孩子最省力的办法，就是看到孩子心灵深处的两个自我，然后用孩子的勤我战胜懒我，善我战胜恶我。"

人往往感性大于理性，从生理上来说，因为感性和及时享乐可以迅速产生多巴胺这种物质，多巴胺能让人马上有快乐的感觉。

所以，我们要专门加强孩子们评估判断的理性训练。

例如，家长要理解孩子，我们成人面对诱惑的时候也会反复犹豫。要教会孩子在学习和玩方面先将学习排第一，教会孩子在关键时刻，长远看问题，多角度看问题。告诉孩子要学会取舍，更要理智一些。

家长还要教给他拒绝的方法，如"我爸爸不让我玩""今天作业多""我们不玩了，时间很紧"。

大脑前额叶可以让我们学会判断，哪些是应该做的事情，哪些是长远利益，哪些是重要事情，这对学生的成长非常重要。

调控"压力山大",让活力在最强期间

孩子厌学,往往让家长痛心疾首。其中,既有成绩不佳的学生,也有相当一部分是曾经学习成绩优秀的孩子。

赵明从小品学兼优,到小学六年级一直保持在年级前三名,家长也对他抱有很高的期望。他的父亲是一位高学历的企业高管,母亲在家里照顾他们,把全部心血都给了小家庭。上初中后,孩子进入了一所优质学校的实验班。这时,孩子的成绩表现得不突出,几次考试排名都居中等,家长多次帮助没有什么起色。后来,孩子开始断断续续地生病请假,再后来就不去上学了,在家里打游戏。

像赵明这样的孩子,父母对他期望很高,他自己在学业上有很高的要求,希望像父亲一样。如果达不到,就内疚自责,再加上家长不理解,仍然批评教育,妈妈絮絮叨叨,不能很好地调整心态,解决问题,很可能会使孩子对学习丧失信心进而厌学。

一、青春期孩子受到的外在压力有哪些

青春期孩子受到的外在压力主要包括学业压力、社会和家长给予的压力和交往压力等。

按理说,这些压力是孩子成长必然会遇到的,犹如种子从地里萌发出来时所受压力一样。如果压力适当,有利于孩子们的学习和成长。当面对压力时他们往往积极应对,如考试前有压力,即使产生一定的焦虑情绪,他们也会去积极复习,化解这些压力。

但是,长期过大压力和突然间过大压力,一方面会对孩子的学习和心

理造成影响，如孩子厌学，产生焦虑、抑郁情绪，另一方面还对孩子的身体造成不良影响。

我国著名教育专家孙云晓在《拯救女孩》一书中说："过高的压力可能会增加女性患多囊卵巢综合征的风险，并且这种病症有可能影响女性的生育能力。"

你想知道哪种家庭让孩子感觉压力更大吗？

首先，家庭氛围凝重，家中"乌云压顶"，会让孩子心情压抑。父母与孩子沟通不畅，争吵不断，孩子可能会感到被误解和孤立。

其次，过度看重分数，甚至只看重分数，给孩子提出过高的要求，忽视孩子的情感和需求，孩子每次都以失败而告终。

最后，父母采用专制权威型的教养风格，"我说了算！"这种模式可能让孩子产生逆反心理，还可能因此产生焦虑和抑郁情绪。长期在这种环境下生活，孩子会对自己的能力和价值产生怀疑，进而影响自尊心和自信心。

二、调节学习压力，让孩子专注学习

根据心理学研究，人只有在压力适当的情况下，学习和工作效率才更高，如图 3-2 所示。如果压力小，人们会感到无聊、疲惫和不满。如果压力过大，就会让人感到疲惫、焦虑，没有幸福感，甚至可能造成精神崩溃。

这个结果，也和家长的生活和工作经历颇为相似。

家长需要根据孩子自身的特点、所处环境进行调整，预防外界压力过小或过大的情况。

我曾经遇到两位学生的母亲，她们两人是好朋友，也都是老师。当时，她们的孩子在同一个班级学习，一个一直保持在前 3 名，另一个则排在 20 名左右，都在班级里担任干部。两人也是好朋友。曾经有人问其中一个家长："你的孩子学习上比她的孩子差，你不难过吗？"她说："我也难过过，但是后来发现我的孩子的确没有她的孩子头脑灵活，而且比较内向，即使平时很努力也难以达到另一个孩子的水平。现在孩子很认真学

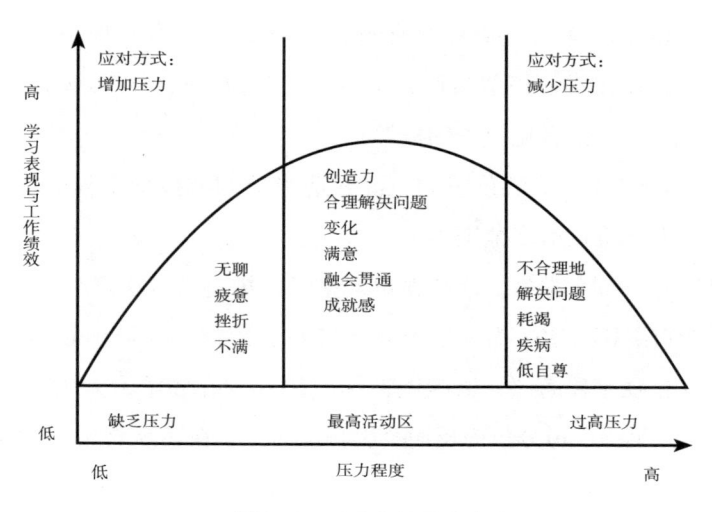

图 3-2 压力与绩效的关系

习，积极上进，我就满意了。"

这个家长很客观地分析孩子，把关注点放在孩子是否努力和积极向上，不是仅仅以结果来评判孩子，保证了孩子良好的心态和不断进步。

目前，我国升学压力很大，能理解家长希望孩子考更好的大学，未来拥有好工作和生存机会，这是老师和家长共同努力的方向。

但是，当孩子的能力、基础、方法还没有达到时，家长的压力就需要适当，否则适得其反，不仅使教育方式变形，也使孩子的心灵受到严重影响。

初三下学期，我校有一名学生，开始出现厌学现象，不能正常上课，写不了作业，晚上失眠，第二天听不了课。我与她谈话时，问她晚上睡不着时在想什么？她告诉我："担心现在学不好，考不了好高中。考不了好高中，就上不了好大学。考不了好大学，就找不到好工作。找不到好工作，就没有钱。没有钱，就没有办法过好生活。"

"你怎么会这样想呢？"

"我妈妈告诉我的。最近，我妈妈也是睡不着觉。"

我常跟家长们说："我们要正视孩子学习的基础。最要紧的是，不管他在队伍的哪个位置，首先要跟着大部队一起前进，这就是好孩子，就有进步的可能，他今后就是一个有价值的人。"千万不要看到他在队伍里即使已经很努力，还在批评抱怨为什么不努力。有的家长很难看见孩子学习过程中的努力，却经常看见孩子的成绩。

家长要仔细观察了解孩子的情况，适当地调节孩子自我的压力情况，使孩子的压力保持在适当范围内。

我班里有一位女学生，成绩在班级里经常排前 5 名左右。她特别好强，她想中考考班级第一名。有一段时间她格外地努力，以至于晚上经常 12 点才休息。我和她家长商议，给她做工作："以你现在的学习方式很难在短时间内达到班级第一，过分焦虑反而会影响学习，现在还是要扎扎实实打好基础，哪怕只是保持原有名次，也是进步，也能考上重点高中。"孩子通过调整，放弃了一定要考第一的想法，回归了自然学习的状态。

合理规划学习时间，不是"头悬梁，锥刺股"，而是科学安排，劳逸结合。

如果孩子面对外面的环境压力，或者松懈，或者躺平，家长需要加大压力，调动学生学习积极性，根据实际情况，设立正确的目标，取得成绩，加入学校的竞争环境中。

培养多元评价观：不唯分数论，关注孩子的全面发展，否则孩子压力会更大。

三、改变家庭氛围，做孩子的情绪导师

有的家庭气氛显得比较凝重，但无论什么原因，对孩子来说都是无形中的压力，感觉"乌云压顶"。家长要寻找原因，进行调整。

我们曾经建议有的家庭，父母每天发现孩子做得好的地方，要及时表达。例如，你今天按时回家，我少了一些担心，等等。家庭中，经常看一些脱口秀、相声等幽默的节目，大家开一些无伤大雅的玩笑，等等。

多采取民主型教养方式，不要认为别人听我的就是我能干或者光荣，认为能拿捏别人就是本事。在现代社会，民主的家庭氛围有利于每个人健

康成长，最终是家庭的共同成长。要听取其他人的意见，放下姿态，感受配偶和孩子的处境和情绪，共同解决问题，要让他们参与家庭决策，培养自主性。

同时，家长要教给孩子进行社会交往的一些方法，如培养孩子的社交技巧，学会倾听、分享和尊重他人。

总体来说，家长要成为孩子情绪的调节器和"情绪导师"，教会他们认识和管理情绪。建立良好的沟通机制，让孩子愿意和家长分享心事，鼓励孩子参与多元化活动，培养兴趣爱好，释放学习压力。

❤❤ 面对问题，家长如何控制情绪

孩子出现各种问题，家长一顿批评、指责，甚至动手打骂。有时候会有一定的效果，但是大部分整体效果不佳，有的孩子还认为家长不讲理。有的看似解决问题，但孩子更加地疏离你，青春期的孩子还会与你对立。事后父母后悔不已，觉得自己太冲动。

有没有什么好方法呢？

有一个非常优秀的高中生，给我讲过他上小学三年级时的一个故事。有一段时间他不交作业，爸爸被老师请到学校要求配合教育。他非常担心爸爸回家后会训他。但是，他爸爸并没有严厉地批评他，而是开了一个家庭会议。爸爸首先道歉说，最近他工作很忙，没有管他的学习，他有过错。然后，问了孩子没有交作业的原因，孩子说有的题不会，不想写。最后，爸爸说，这次是第一次违反，原谅一次。后来，他们一起制定了家规，对学习作出要求，在父母的帮助下，孩子此次以后再也没有不交作业。

这个家长所做的，不正是我们希望的吗？当孩子犯错误时，家长能够控制情绪，不仅帮助孩子认识到自己的错误，引导他积极改正，同时也营造出更加和谐、温馨的家庭氛围，促进孩子持续成长。

很多家长奇怪，为什么这个家长不生气？

有的家长说："听了很多讲座，说可以通过做深呼吸来平复自己，但是内心还是很愤怒呀。"

不着急，慢慢来，我们可以通过学习和练习，提升自己的能力。

作为一名教师，我也是通过学习和实践才改变教育态度的。由刚开始孩子犯错误时"发火训斥"，到后来"平和帮助"的转变。并且采用这个方法指导了很多家长，都取得了很好的效果。

"平和帮助"分为两个部分：分别是观点调整和行为改变，如表 3-4 所示。

一、观点调整

只有观点改变了，其行为才能自然产生。

例如，你在开车，突然有人超车，差一点碰到你的车。你心里一定非常生气，并有可能直接骂脏话。但是如果你知道那个司机的母亲突发心脏病住院正在抢救，你是不是心里就没有那么生气了？

调整思想观点分为三个部分：首先是明确目的，教育的目的是帮助孩子成长；其次是接纳孩子的现状；最后是相信孩子积极向上的成长力量，如表 3-4 所示。

表 3-4 观点调整和行为改变

一、调整观点			二、改变行为		
1. 明确目的	2. 接纳	3. 相信	1. 沟通理解	2. 寻找方法	3. 设定界限

1. 明确目的——帮助孩子成长

首先要明确当孩子犯错误时，父母的教育目的是什么，那就是帮助孩子成长，要用发展的眼光看待问题。

这是面对孩子问题和错误时最重要的环节，是我们的根本目的，是教育孩子的出发点，也是落脚点。

目的是"孩子以后不要出错"，关注的是成长，是未来。

如果没有明确的目的，家长和孩子往往纠结于过去。"你为什么这么做？""我多次跟你说，你就是不听。""这么简单的道理你都不懂。"孩子与家长处于"针尖对麦芒"的状态，就会找各种理由来解释，逃避责任。家长也只是一种情绪发泄，达不到教育孩子的目的。

案例中的家长为我们树立了榜样，就是一起向前看。在对孩子错误原因进行分析的时候，还能反思自己的不足。

所以面对孩子的错误时，家长要把简单的愤怒转化成"孩子犯错是正常现象""怎样让孩子以后不犯类似的错误""改正错误就是成长的过程"这个观点上来。在这个基础上分析原因，无论是孩子还是家长都是容易接受的。

2. 接纳——平和地接纳孩子的现状

刚当老师的时候，我也很奇怪、恼火，孩子们为什么会出现这样多问题。经历多了，加上长时间学习，才发现孩子在成长过程中，犯各种错误都有可能，哪怕是非常优秀的孩子也可能出错。

我班有一名通过科技特长直升清华的学生，各方面都很优秀。我也是多次批评他。例如，自习课上，他作业做完了，就带周围的同学玩。

孩子们的错误也是多种多样，小到偶然违反纪律，大到不上学、自残、违法、等等，有时还让你哭笑不得。例如，一个孩子偷拿一个饭店的食物。吃完后，他想了很多方法又把盘子还回去。人们问他为什么，他说担心饭店的餐盘不够用。

孩子出现问题也有多种原因，有的是能力不足；有的是控制不住，明知故犯；有的受环境影响；还有的是他们对世界好奇的探索，等等。

有时候，家长不理解："为什么别的孩子不犯这个错误？"

孩子们来自不同家庭，拥有不同的身体条件。生长在不同的环境中，每个人的动机和基础不同，每个个体都是非常独特的生命，都有优点和不足。其实，大家仔细想一想，还有很多因素与家长密切相关。

所以，家长不要常常拿自己孩子的不足与别人孩子的优点作比较。这样，你越比越生气，孩子也不高兴。孩子就是慢慢长大的，犹如学走路一样，并且学走路的时间也不一样。

卢森堡博士在《非暴力沟通》一书中说："比较"是蒙蔽爱的一种方式。

我们不仅要接纳孩子的错误，有时候还要感谢他们所犯的错误。

正因为孩子出现了这个问题，我们才发现他的不足，才知道怎么帮助他。

著名心理学家德鲁克说："犯错误是学习的好时机。"

孩子犯错误，犹如孩子学习中的"错题"。把错题改正了，这个知识孩子就懂了。

3. 相信——相信孩子是积极向上的力量

多年经验告诉我，无论是学生还是家长，都有向善、向美的愿望。即使有的人表现出蛮横不讲理，只要你走进他内心、换位思考、理解他、帮助他，他都会作出调整，甚至发生逆转。

孩子出现问题，家长担忧、焦虑、恐惧、愤怒是正常的情绪。但是无论孩子出现什么样的问题，父母一定要相信孩子内心是追求积极向上的，一方面他会成长，另一方面他是可以被引导的。千万不要说："没救了""太笨了"。

积极心理学也是这个观点。积极心理学提倡用积极的心态来看待身边的人和事，要发现孩子身上积极的力量。父母坚持去做，就会发现"相信"的力量。

只有这样，面临孩子的问题时，你才不会简单地发泄愤怒、失望并放弃。

有一个孩子，从小跟着爷爷奶奶长大。初二回到父母身边，与母亲关系非常不好，两个人有几次闹到要报警的程度。后来，通过老师和家庭的多次共同努力，母子关系有了很大改善。有一次下雨，孩子拿着伞在地铁口等妈妈，妈妈感动得热泪盈眶。

每个孩子都有自己的生命轨迹，都是可爱的，都有自己的意义和价值。

孩子犯错误是正常的，有时候还有益处。你的目的是帮助孩子越来越好，并且相信他会越来越好。

二、改变行为

改变行动分为沟通理解、寻找方法、设定界限三个部分。

1. 沟通理解——了解真实情况

在希望孩子明天更好的指导下，我们需要了解孩子的真实情况。与孩子沟通，了解事情的经过，倾听他们的内心需求，分析他们出现问题的原因。

程东升是我校高中部学生会主席,一个非常出色的男孩子。但在期末考试时,他带纸条到考场,被监考老师抓住,按照学校相关规定给予"严重警告处分",并撤销学生会主席的职务。

当天我们把他父亲请到学校,提前进行沟通。家长对孩子的行为非常生气,在赞成学校意见的同时,又担心孩子接受不了这样的处罚。我们与他进行了沟通,一是坚持原则,二是注意方法。

然后,我们对孩子说:"我们一直很看好你,这件事我们和你一样难受,为了避免以后再发生类似事件,你能说一下你是怎么想的吗?"(**向他说明目的**)

孩子说:"前一段英语学得不太好,担心影响整体排名。所以,有段时间很努力,但是考前还是觉得不牢靠,最后就弄了个纸条。开始不敢拿出来,后来看考试结束时间快到了,就拿出了,被老师抓到了。"(**了解经过**)

听了他的话,我们站在他的角度也能理解身为学生干部的他,希望保持成绩上的领先。(**换位思考**)

于是我和他父亲一起肯定了他努力进取的动机,也肯定了由此付出的努力,还有一直以来对学生会工作的付出和贡献。(**肯定优点**)

孩子在做一件事情的过程中,往往有很多环节,无论是家长还是老师都认为孩子错了。这是人之常情,家长首先要发现其中好的方面并给予充分肯定,然后针对不足进行纠正。

"你现在怎么想呢?"孩子说:"不能舞弊,这是更严重的事情。"

我们又给他讲:"学生最重要的是做人,要遵守规则。"

2. 寻找方法——寻找解决问题的方法,制定规则

要想情绪平和,我们还需要智慧地引导孩子改正错误行为。只有这样,我们才能看到希望。

紧接着,我们就程东升可能遇到的问题和解决方法进行了探讨。首先，就同学们对他的各种态度进行了心理调适，让他正确对待，要学会犯错后敢于承担后果。其次，在怎样提高学习成绩上进行了商议。

召开处分认证会，同学们一起帮助他。

一年以后，孩子考取了一所满意的985学校。他后来说："那次摔跤，让我知道什么是最重要的。"

设定明确的目标，研究具体的方法，对孩子是很有帮助的。这样，孩子就能更清楚地知道自己应该怎么做，也更有动力去改正错误行为，把注意力放在不断进步上，也能理解家长和老师的真正意图。

3. 设定界限——设定底线，表达情绪

任何事情都是有界限的，这也是孩子应该学会的。如果孩子的问题多次出现，或者导致非常严重的错误，家长要明确告知孩子底线在哪里，也可以表现出一定的情绪。但这个情绪表达是需要控制，留有余地的。

这就是人们常说的：**合理地表达情绪，但是不能情绪化地表达。**

有一位教育学家曾经讲了他教育孩子的一件事。有一次，他的孩子在没有会游泳的人的带领下去河边学游泳，回来后，他先把孩子严厉地训了一顿，还准备打他，幸好妈妈拦住了。

当孩子出现问题时，家长情绪失控是可以理解的，大家开始不要太苛刻自己，"错了就是错了"，也要用发展的眼光看待自己，接纳、信任，用成长性思维来解决问题，冷静下来，反思自己，寻找后期解决的方法。

当家长出现情绪问题时，采取深呼吸、冥想等方法也是可以的，但它不是解决问题的核心。

情绪管理有助于提升家长的教育水平，让家长更加理性、智慧地引导孩子。

通过以上方法，家长从思想上和行动上真正帮助孩子认识错误，了解到重点要面向未来，不断进步。

孩子发火，家长如何破解

周日，妈妈炖了一锅胡萝卜排骨汤。孩子一直吃排骨，孩子本身比较胖。妈妈说："胡萝卜营养价值也很高，你也吃点。"边说边用勺子舀了几块放在孩子碗里。孩子说："我不喜欢吃胡萝卜。"妈妈说："你本来就胖，少吃点排骨。"孩子勉强吃完了。过了一会儿，爸爸又给孩子夹了两块胡萝卜。孩子突然站起来，大吼道："还让不让人吃饭了，什么都听你们的……"

父亲气愤地站起来，大喊道："小小年纪你还不得了了！我还治不了你了！"两个人吵了起来。最后孩子跑出家门，后来被舅舅找回家。目前，已经有半个月没有和家长说话了。

于是，父母求助于老师。

面对孩子的发火，我送给家长六个字：先静观，再解决。

"静观"，就是当孩子发火、愤怒的时候，家长不要马上去给孩子讲道理。暂停并不是放任自流，首先要解决当下这个问题；其次要让孩子学会掌控情绪；最后家长也要反思如何调整自己的行为。

一、从"危机曲线"找到解决问题的时机

家长如果了解"愤怒"的发生过程，就好像拥有了处理愤怒情绪的钥匙，很容易打开这扇门。我们每个人从发火到平静都有一个过程，大概可以分为以下几个阶段：情绪积累、情绪失控、冷静期、沮丧期。如表3-5所示。

表 3-5　从愤怒到平静经历的过程

阶段	1	2	3	4
事情经过	丈夫多次晚归	又一次晚归，妻子发火	发火后，逐渐消气	想到丈夫的好，有些后悔
情绪过程	情绪积累期	情绪失控期	冷静期	沮丧期
理性状态	逐渐失去理性	无理性	逐渐恢复理性	恢复理性

例如，你的丈夫最近一段时间经常应酬回来较晚，你开始还能忍受，时间一长，你就忍受不了了。有一天，他又回来晚了，一到家，你就冲他发火，大骂了他一顿。你骂完之后，慢慢会冷静下来。当看到对方没有与你狡辩，还道歉时，你的火气就消了一些。同时，你想到丈夫平时对你们很关心，也尽力做家务，你又后悔对他说了一些过头的话，觉得自己没有了解情况，体谅他的难处。

这个过程伴随着理性的丧失和恢复过程。

这大概就是毕达哥拉斯说过的："愤怒以愚蠢开始，以后悔告终。"

如果你的丈夫在你发火时开始解释狡辩，甚至也发火，你们往往争吵得更厉害，常常是什么难听说什么，陈芝麻烂谷子的事情也翻出来，而这些话又造成了二次伤害。不仅问题不能解决，夫妻关系更加紧张，伤了感情，结果导致丈夫以后故意晚回来。

所以当孩子发火时，家长不要马上与他争辩。因为孩子在情绪激动的时候，不受思维控制，说什么道理他都听不进去，更何况这种情况下家长也往往是情绪化的，容易造成孩子的情绪化更加严重。家长要安静下来，陪伴或者暂时走开，但是不能完全离开。

解决问题的最佳时间是孩子恢复理性之后，也就是孩子火气消了以后的"沮丧期"。

二、以合适的方法解决问题

孩子发火一定有原因，我们要帮助分析；孩子表达问题的方式，也需要调整。

解决问题与上一节"面对问题,家长如何控制情绪"方法类似。首先思想上要明确解决问题的目的是帮助孩子成长;其次是接纳孩子的现状,相信孩子积极向上的成长力量,与孩子进行沟通理解、制订改进计划,最后设定界限。

孩子发火时,家长往往非常惊讶,这么一点小事情绪为何这么大?我们本能地觉得不可理喻,非常气愤。

首先,知道孩子比成人的情绪更容易激动。如果成人情绪需要积累到100分才开始发火,青春期孩子可能积累到80分,甚至更低就发火了。

我们仍然要用成熟人考虑问题的方法来解决。要想到不能马上训斥,这样没有好结果,"等子弹飞一会儿"。同时想到他遇到了什么问题?他为什么会这样?我要怎么跟他谈?等到孩子处于沮丧期时再与孩子沟通交流。

沟通的时候,先让孩子表达,家长再谈看法,达成一些共识。让孩子先表达。例如,"你刚才生气,我想你一定不高兴,你当时是什么想法?""你现在怎么想?"要认真倾听。

无论孩子的行为看起来多么荒谬,对他来说就是真实的,就是应该接受的。我们站在他的角度看问题,感受他的困扰和痛苦。家长要有同理心,同理心是解决问题的基础。只有这样,才能在情绪反应后,不直接与孩子对抗,而不能只想到他驳了自己的面子,要让他认识到错误。

分析孩子"发火"的原因,越是小事情引起的发火,家长越要重视。一方面,说明孩子情绪的承受能力弱,应该关注;另一方面,孩子在其他方面有压力,如学习、交友等,没有释放途径,在家里的小事只是导火索。还有一种可能,就是家长与孩子沟通的方式非常不合适,孩子完全不能接受。

如上面的孩子,就是因为这段时间考试成绩不好、心情不佳,所以一点小事就火了。

家长要与孩子一起商议,怎样调整学习?在生活上,如何既让他摄取全面的营养物质，减少体重，又感觉更可口一些？

原则性问题是要坚持的，例如，孩子需要增加蔬菜的量，可以探讨用其他菜品代替的方法。并制定遵守后的奖励，以及不遵守后的处罚措施。

通过探讨，让孩子理解不能因为自己不满，就随意发火，伤害父母，父母也会伤心的。让孩子明白情绪失控任何问题都解决不了，要掌握其他有效解决问题的方法。让孩子逐渐学会合理地表达情绪。

三、父母反思，提升教育能力

家长也要反思在与孩子相处的过程中，哪些方面需要调整。

学生出现问题，是教育契机，是考验教师解决问题能力的时候，也是家长教育方法提升的好时机。

有的家长甚至想："等他不发火了，我再来收拾他。"

大家始终不要忘记最终目标：每一次冲突孩子和家长都有收获，一是解决问题方面的收获；二是亲子关系更亲密；三是双方提升能力。

在与孩子沟通的时候，如果家长存在一定的不当或者过错，有的方面需要家长在以后的行为中做出改变，还有的方面需要家长向孩子道歉。

有些家长不易接受这个观点。认为孩子在小的时候就应该听家长的。可是，时代变了，家长"一言堂"的时代过去了。现在的情况是家长越是不承认不足，孩子就越抵触。

青春期孩子对家长身上存在的不足非常了解。有的家长会想我给孩子认错了，孩子以后还会瞧得起我吗？

父母的态度，孩子是能感受到的。只要承认，后期没有一点变化孩子也能感受到。你不要担心孩子不爱你。青春期孩子看上去有些叛逆，其实他们也是爱你的。

这样，家长的道歉一方面有利于家长今后做出调整，另一方面也给孩子做出"有错就改"的榜样。**告诉孩子，家长也在慢慢成长。**

家长道歉的方法：其一，描述不恰当行为的事实；其二，对孩子说

"对不起";其三,说自己今后解决的方法。

　　上述案例中,家长可以说:"我们多次强迫你吃你不喜欢的胡萝卜,有些不尊重你,对不起,今后我们也会多征求你的意见。"

　　这样一来,是不是就简单了。

　　这种行为,家长有一定的高度,尊重孩子,牵着孩子过河,与孩子达成共识,孩子和家长都能从中反思、学习,会用理性思维、行动来解决问题。家长慢慢学会与孩子沟通,形成教育孩子的有效方法。真正把孩子犯错误的过程,变成孩子和家长的成长过程。

第四章

品行升级：用微习惯撬动人生格局

教育的首要任务是什么呢？

培养一位"好人"。一个有道德、有良好行为习惯、遵守法律和公共秩序的人，也就是我们常说的有良好品行的人。

培养一位好人，受益的首先是他自己，其次是家庭，最后是国家和社会。

陶行知曾经说过："道德是做人的根本。根本一坏，纵然是你有一些学问和本领，也无甚用处。"

但是因为现阶段学习竞争力太过激烈，以至于人们淡薄或忽视品行教育。

孩子学习成绩固然重要，但是拥有良好品行更加重要，并且两者具有紧密联系。

大家从不同的渠道了解到很多不道德的行为会给社会带来危害。多年的教育生涯中，我也看到很多孩子对待自己的品行要求不同，最后孩子的发展不一样。

彭章和赵之浩三十多年前进入同一所重点高中重点班。彭章入学成绩第三，智商高但自由散漫，常迟到，热爱篮球和小说，未重视老师劝导，高考考进中部一所普通大学，次年因挂科和打架被开除。至今，他还是一名技术工人，同学们认为他若严格要求自己，会有更大成就。

赵之浩入学成绩中等偏上，对自己要求严格，成绩不断提升。他主动竞聘卫生委员，认为此职位对班级更重要。高中三年，他认真组织卫生工作，获得同学高度认可。高考考进华中科技大学，现在是大型国企的主要领导。

学校里总是活跃着这样一批学生，他们品学兼优、严于律己、勇于付出、有责任感、宽容大度……

这样的孩子无论在学校还是社会上都比较顺利。因为他们自己能成为榜样，还能帮助其他人，为集体争光。

每一个家长都希望自己的孩子如此顺利。可是，请你想一想，你会同意你的孩子，为了集体，做一件与提高学习成绩无关的事情吗？我们见过很多家长，请求老师给孩子免去一些班级职务，原因是，这些事情会浪费学习时间。

其实，大量事实证明，给孩子适当增加其他任务，能使孩子提高学习效率；让孩子当班干部，他们会更加严于律己。他们在"吃苦"和"付出"中，形成了劳动观点和服务意识，学会了与人交往的能力。在实践中，他们也感到自身能力不足，激发学习动力，而良好品行和能力将使孩子终身受益。

国家目前确定了"立德树人"的教育根本任务，也体现在中高考中，无论文科还是理科的考题都有渗透和体现。

我的经验是，哪届学生德育工作做得到位，学习氛围就浓，他们的问题就少，整体成绩就高；如果只抓教学，忽视德育工作，学生学习意愿不升反降，各种问题层出不穷，整体成绩也不会理想。

全国优秀校长唐江澎曾经说："学生没有分数，就过不了今天的高考，但孩子只有分数，恐怕也赢不了未来社会的大考。"

老师和家长是为孩子终身发展负责的。让我们共同努力，让孩子既赢今天，又赢明天！这需要我们的孩子既会做事，又会做人。

中学的品行教育是在小学基础上进行的，既需要将原来小学的内容加强、弥补和提升，也要根据孩子的身心发展，提出新要求。孩子的品行是一个逐渐培养的过程。

若小学阶段未能充分重视德育培养，其薄弱环节往往在青春期凸显，而这一时期恰恰为补救提供了宝贵机会。一旦学生中学毕业，走向更为开放的大学环境或社会，良好的品行将成为他们学习进步与日常生活不可或缺的基石，因此，在此之前的补救行动尤为重要。

5种基本方法，奠定品行基础

家庭教育中最重要的任务，非孩子的良好品德和行为规范教育莫属！

中华民族从古至今非常重视品行教育。儒家提出的"修身、齐家、治国、平天下"思想，体现了个人修养、家庭和谐、国家治理乃至天下太平的理想追求。"仁、义、礼、智、信"是个人的基本道德准则。

当今，品行教育体现了党和国家的意志以及时代发展的要求，党的十八大提出了社会主义核心价值观，是人类的精神财富，同时国家把"立德树人"作为教育的根本任务。

近四十年的中学教育工作，我深切地体会到品行教育的重要性。也遇见过一些注重孩子品德教育的家长。在实践中，通过家校协作，注重培养学生优良品行，使他们能更好地适应社会，并成为推动社会进步的公民。

一、言传身教是基础

"言传身教"是家庭品行教育最基础也最有效的方法。

身教重于言传。家长的以身作则，在孩子品行形成中具有不可替代的作用。

人类学习具有模仿的天性，人体内有一种细胞叫镜像细胞，具有模仿的特性，细胞的活动还可以帮助人们推断他人的意图、情感状态和行为目的，所以身教在"润物细无声"中传递价值观；身教往往是反复出现的行为，模仿的人容易养成习惯，比较长久。当孩子出现问题时，家长的教育更具说服力和感染力。家长榜样的力量是无穷的。

例如，家长是诚实守信的人，孩子也容易形成诚实守信的品格。即使孩子没有信守承诺，家长更有说服力教育他。否则，孩子就会说，你自己都没有做到，凭什么这样要求我。

自私自利贪小便宜的家长很难培养出甘于奉献的孩子。

你希望孩子成为什么样的人，你就要努力成为这样的人。

家长对孩子进行品德知识的传播也很重要。

张倩倩上初中时，学习不认真，喜欢交朋友。有一次，她在三楼对楼下男同学喊："帅哥，你叫什么名字？哪个班的？"老师对她进行了帮助教育。综合她的表现，老师请她的父母协助教育。她父母开始不解，孩子怎么会出现这种情况？后来他们在回忆孩子的成长时，发现了他们的疏忽，因为他们工作非常忙，孩子一直是保姆带大的，从幼儿园到初中都是住宿。因为父母不常在身边，所以经常用物质来弥补，他们从来没有对孩子进行如何做人的教育。

当我们告诉他们孩子的真实情况，并说明危害时，她的父母非常重视。通过商议，他的父亲决定减少工作，每天接送孩子上下学，并与孩子不断地交流，经过一段时间的教育，孩子有了明显的改变。

孩子们在中学毕业之前，无论是学校还是家庭，都是相对封闭的环境，家长和老师要通过言传身教，在孩子们的这块土地上播撒真善美的种子，并促进他们茁壮成长。这样进入社会，才能抵抗风雨的侵蚀。"地不种庄稼，就长杂草"，等假恶丑生根发芽，再种植优良的品种就会困难重重。

二、良好家风是环境

给孩子营造什么样的环境，种下什么样的种子，主要由父母的思想决定，也就是由家风决定。

孩子言行是家风的表现，同时也是家风的传承。

古今中外，很多重视家风建设的家庭人才辈出。例如，曾国藩是清朝末年的重要政治家和军事家，他的家族被誉为"天下第一家族"。曾国藩注重家族教育，强调建设"勤俭、谦恭、孝友、和睦"等家风，他的家族因此人才辈出，世代兴旺。

梁启超用开明和严格的家风将9个孩子，打造成"一门三院士，九子皆才俊"。他对家庭的要求是：敬父母、重亲情、多宽容；对事业的要求是：有志向、敬业、莫问收获，但问耕耘等。这些家训在他儿子建筑大师梁思成身上成为事实，在这种家风的影响下，他和林徽因对中国古建筑作出了巨大贡献。

我们对整个家庭的品德有要求吗？对孩子的行为习惯有期盼吗？对孩子在做人方面有目标吗？

我建议您和家人一起制订家风，让孩子在家风的影响下，培养自己的追求和理想，激发内在的动力，更好地成长。

三、广泛实践是根本

人的品行很大程度上在人与人、人与自然的相互作用下才能体现出来。所以我们要营造这样的环境，让孩子在其中学习和锻炼，同时激发孩子的道德情感，逐渐增强孩子的内省能力，认识到社会实践是他生活的一部分。

让青春期孩子参与家务劳动，体会到劳动给家庭生活带来的价值，并培养劳动的习惯。

带孩子走出家庭走进亲朋好友之间，在交往过程中学习付出、尊重、宽容，收获亲情和友情。

走进社区，参加社区活动，如社区组织的植树活动、环保清洁活动等，学会团结协作、爱护环境。

参观各种社会实践活动，如研学旅行、参观博物馆等，开阔眼界，增长见识。

在学校里，一些优秀的家长热心公益，他们的孩子也会拥有同样的品格。例如，我校有一位家长多年来资助一所福利院的儿童，并且带领自己的孩子和其他同学一起参与公益活动。他的孩子在班级里非常有爱心，充满正义感和正能量。

四、正确评价是导向

对于孩子的"成绩"和"品行"，父母首先要考量他们的排序。首师大附属回龙观育新学校的教育宗旨，可以供大家参考，那就是"先成人，后成才；既成人，又成才"。在评价孩子的时候，不能仅仅以成绩论英雄，而是以孩子的品行做第一标准。例如，做事是否认真负责，是否在集体中愿意付出，遵守规范等。

只关注学习，就是在培养精致的利己主义。

例如，家里有人生病住院，即使孩子在初三或者高三，很多家长也会想办法让孩子去探望家人，给家人慰藉。但是有的家长会以孩子学习忙为由，忽视这件事，甚至直到亲人离世也没有探望，留下了巨大遗憾。孩子虽然学习忙，但去探望亲人也是他们应尽的义务。

我们要对孩子的品行及时给予鼓励，让孩子的行为坚持并形成习惯。评价要从小处着手，如对人要有礼貌、守时，等等。对于孩子的不良行为，家长要及时制止。

《三国志》中说："勿以善小而不为，勿以恶小而为之。"家长要做到"勿以善小而不赞，勿以恶小而忽视"。

通过思考、写日记、对照榜样等方式，家长引导孩子进行自我评价，学会内省，反思自己的行为，不断提升自己的品行。

五、家校协作是保障

"教书育人"是学校的根本任务，学校是品行发展的重要场所。国家对学生的品行教育有完整的体系和课程安排。父母要相信学校，要与学校协同，理解和支持学校开展的各项活动；要重视学校的德育活动，不要只认为有关学习的活动才是重要的。

北京101上地实验学校创建于1998年。在创办之初，就非常重视德育工作，并开展了大量的学生活动。刚开始，很多家长不理解，后来的实践证明，重视德育工作，学校校风正，学风浓，学生的学习成绩也会逐步提高，学校深受家长和社会欢迎。

在目前升学竞争激烈的情况下，同时重视孩子品行教育的学校才是好学校，也是为孩子的终身发展负责的学校。

家长要想了解孩子在学校的品行情况，最好的方法是多跟老师沟通，老师是最了解孩子在集体中情况的人。

例如，在学校排练运动会的入场仪式，孩子们懂得要为班级争取荣誉，要听从指挥，在活动过程中互相学习、解决冲突等。这正是学习集体观点、学会交往的过程。老师看到的是多个学生在同样环境下的不同情况，有些孩子是活动的积极参与者，有些孩子总是慢半拍，或者随心所欲。家长了解后，可以配合学校来引导孩子。

有一位家长与学校老师沟通时，发现孩子虽然在学习上比较努力，但是对集体活动不是很热心。例如，轮到他值日擦黑板，他总是忘记；有几次班级组织为学校运动会做服务，他没有参加。家长与孩子进行了一次深入的谈话，之后孩子对个人与集体的关系有所认识，在校的情况有很大的改善。

总之，孩子的品行塑造是一个长期而复杂的过程。家长要以身作则、建立良好家风，给孩子多提供实践机会，用正确的评价培养自律，多与老师沟通，鼓励孩子反思与自省等，帮助孩子塑造高尚的道德品格。千万不能只做"两耳不闻窗外事，一心只读圣贤书"的利己主义者或者书呆子。

培养责任感，打下做人的根基

在众多学生中，有两类学生特别引人注目。一类是做任何事情都让人放心，他们在学习和各项活动中都很认真，严于律己，这样的孩子通常学习成绩较好。还有一类孩子，错误不断，经常违反纪律、学习上敷衍塞责，真是"按下葫芦起了瓢"，让老师和家长非常苦恼，经常要解决他们的问题。

为什么有的孩子"让人放心"，有的孩子"问题傍身"呢？能不能通过解决更本质的问题，来解决大多数问题呢？

多年的实践发现，是否具有责任感是其中最重要的原因。

责任感不仅能帮助孩子认真对待学习和生活，也是他们成人后的立足之本。

培养一个负责任的孩子，正是家长的理想。

2008年在上地实验学校赵欣校长领导下，我们年级开始把培养孩子的责任感作为重要任务。多次进行"培养负责任的阳光少年"主题教育，并申请了相关德育课题展开研究。

通过老师们的共同努力，责任感教育取得了很好的成绩。曾经有外地来的校长评价说："我从来没有看到初二学生这么好的精神面貌。"这届中考成绩也非常突出，在竞争激烈的北京市海淀区，有两个孩子成绩进入前10名，被海淀区教委评价为："毕业人数最多，成绩最好的学校"，家长也感叹孩子做事主动、懂事了。很多薄弱生，通过我们和家长的共同努力，精神面貌和学习成绩也有了很大的改变。后来我们的这个研究课题获得了各种奖励。

对老师们来说，很多具体问题得到顺利解决，因为孩子们增强了自我要求。

更令人高兴的是，2022年国家出台的新课标，提出的培养人的三有目标，即"有理想、有学识、有担当"（担当就是责任的另外一种表述），与当时我们的工作不谋而合。

我深深地体会到教育家马卡连柯说的："培养责任心，是解决许多问题的教育手段。"

一、认识责任感

青春期孩子的心理和生理发生剧烈变化，学习难度增大，学习任务增多，人际交往等各种事情纷至沓来，他们面临多种选择。例如，哪些事该做，哪些事不该做；哪些事先做，哪些事后做，他们不容易厘清头绪，做事情容易情绪化，他们需要强有力的内在思想做支撑，责任感就是重要支撑。

所谓责任，就是将分内的事情尽力做好，没有做好要承担后果。

虽然字数不多却内涵丰富，首先要学会区分内还是分外的事情。例如，放学后，在面对先做作业还是先玩一会儿手机时，作业是学生的主要事情，排在第一。责任感告诉我们，我们把应该做的事情放在首位，而并不是喜欢的事情先做。

同时要对结果负责。让孩子在做事的过程中，考虑结果，以及承担的后果，这样让孩子更理性地考虑问题，帮助孩子成熟。

责任感的内容广泛，包括对自己负责、对家庭负责、对集体负责和对社会负责。只有这样才能使学生们成为有责任心、关爱他人、热爱祖国的合格公民，进而做一个平衡个人、家庭和事业的人。

青春期进行责任感教育至关重要。

二、培养责任感

当家长认识到培养责任感的重要性时，相信家长会创造出很多有效的方法，以下介绍几种经过实践检验的有效和常见方法。

1. 树立榜样

（1）家长身体力行。曾经有位家长给我讲了一件让她感动的事情：当时妈妈患重感冒卧床，女儿放学回家后，主动为妈妈端水喂药，还做了一顿饭，这顿并不可口的饭菜让母亲非常感动。妈妈说："孩子，谢谢你。"孩子回答说："您照顾奶奶的时候也是不怕累、不怕脏。"妈妈说："这是我们做晚辈应该做的呀。"孩子说："对啊，这也是我作为晚辈应该做的。"

家长负责任的言行，孩子也会有样学样。

（2）寻找家族中最受尊敬的人。我校曾经多次让孩子们利用假期开展"探寻家族历史，承担家族责任"的主题活动，特别是寒假"春节"回老家或者大家庭聚会的时间，了解家族历史，寻找家族中最受尊敬的人，从他们的故事中，了解他们的优秀品质，激发他们做受尊敬的人的情感和传承家族兴旺的责任的决心。

开学后，学校组织孩子们开展主题活动的交流，然后对交流的文章进行展示，同时编辑成册，供大家传阅、学习。

家长也可以在家庭中开展以上活动。家庭成员共同交流、共同探讨，通过自媒体来展示，让孩子们抒发自己的情感。

（3）寻找学校里的榜样。一是，让孩子在他的小伙伴中，寻找做事认真负责的同学，不是仅仅成绩好的同学，也包括大家觉得"靠谱"的同学；二是，寻找负责任的事情，如有的孩子值日时，打扫卫生很干净，也值得学习；三是，寻找那些做了错事但是勇于承认并且改正的同学。

（4）从社会和书本中学习。社会上，每天都发生各种新鲜事情，很多普通人都在自己的岗位上尽职尽责，很多优秀的人在恪尽职守，都是我们学习的榜样。

在学校，我们组织学生从古今中外的历史中发现负责任的故事，如屈原等，我们再把它编辑成册。在家里，家长和孩子可以一起交流，联系实际进行讨论和学习。

我们还组织学生进行各种讨论，如学习了《小故事中大道理》一书中的一则故事，对孩子们启发很大。

故事梗概是，两个同样资历的人到一个公司上班，不久，其中一人得到升职。没有升职的人不服气，找老板理论。老板让他们分别做了同样的一件事后，没有升职的人口服心服。老板先让他到市场去看看有没有土豆卖，他回来后说："有土豆卖"，而升职的人看后回来说："有土豆卖""土豆物美价廉""公司正好需要"，并且已经将卖货人带到公司。

孩子们当时讨论得非常激烈，最后得出结论：事情"做过"和"做好"结果有很大不同。以做作业为例，有些孩子只是为了明天上交作业而完成作业，这只是应付差事；但是有一些孩子，做作业时能把它作为探索、理解和巩固知识的重要手段，他们对知识寻根溯源，归纳总结知识间的关系。长此以往，孩子间知识掌握的差距自然会显现出来。

2. 提供实践

孩子获得责任感能力的关键是实践，通过反复实践，使负责任成为他们的习惯和能力。

（1）家长放手。泰戈尔说："不是孩子有了责任，你才放手，而是你放手了，孩子才有责任。"

要让孩子参与到各种事物的决策和行动中，如家庭周末活动安排。

我们常常看到，家长一方面不放手，另一方面又责怪孩子不负责任。例如，孩子上学，本应该孩子自己掌控时间，但是家长每天催促，还怪罪孩子不自觉。其实这样，让孩子失去了负责的体验过程。

家长阻碍放手孩子去做的最重要原因，一是担心孩子影响学习，二是怕他们不完美或出现错误。

家长大可不必如此担心。有研究发现，做家务劳动有助于孩子的学习，认真学习也是他们负责任的一种重要表现，两种负责任是互相促进的。

著名心理学家德鲁克说："犯错误是学习的好时机。"

（2）给孩子提供机会。有一次，一家人准备外出野餐，妈妈给孩子安排了准备午餐的任务，他非常积极地去购买食材，考虑得很周到，既考虑爷爷奶奶的需求，也考虑妹妹的需求；既有食物，又准备了各种用具，受到了大家的赞扬。对于他忘记拿剪刀，大家也都理解，但孩子却说："下次一定记得带剪刀。"

相信孩子能逐渐成长。把青春期孩子当成熟人看，给孩子责任权限，孩子会给你惊喜。

有一位父亲出差前，对儿子说："我们是家里的男子汉，我现在不在家，你要保护和照顾妈妈。"孩子真地能帮助妈妈做力所能及的事情，并照顾妈妈的情绪。

（3）帮助孩子解决困难。孩子们一般愿意参加活动。但是遇到困难，也容易受情绪化的影响，半途而废。作为家长和老师，要预判和及时发现孩子所遇到的困难，给予思想上的引领和方法上的帮助，让他们逐渐形成做事情有头有尾、精益求精的习惯，在承担责任中，提升自己的能力。

学校广播室刚成立时，同学们的热情很高，每天按时广播，内容也深受大家的喜爱。过一段时间，情况发生了变化，广播质量下降。通过调查了解到，同学们学习压力太大、没有时间按时直播。后来团委老师召集同学们开会，与同学们研讨如何提高学习效率和做好广播，号召大家继续承担起责任。

后来广播站成为学校一道靓丽的风景线，吸引了很多优秀的孩子参与广播站的工作。有一位同学说："我在广播站活动中遇到了很多困难，发现'书到用时方恨少'，在平时的学习中，促使我学习更加努力，也知道了做事情要尽力做好。"

（4）教会孩子做好配角。学校经常开展一些活动，如排演节目，有的孩子被选上了，就很努力，最后很出彩；如果没选上，就容易泄气，甚至充满抱怨、诋毁他人。我们要教育孩子，如果没有选上就需要迅速定位自己，做好配角，服务舞台，如做好道具、保管服装等。

我们要培养孩子"无论是什么角色，都能认真负责对待"的品质，也会得到大家的尊重。这样的人总有一天会被发现，继而得到重用。

3. 承担后果

如果孩子的行为取得很好的成绩，应该让孩子品尝到胜利滋味，获得成功的喜悦；反之，则要承担错误的后果。

人有趋利避害的本性，所以往往做错事后不愿意承担责任，正因为这样，承担责任需要培养，也是优秀人才必备的品质。

在不影响安全、不影响其他人的情况下，让孩子学会接受自己决策所产生的后果。

有一个孩子参加学校夏令营，在收拾衣服的过程中，妈妈发现他带的衣服比较单薄，并提醒他，孩子说不要紧。妈妈心想只去几天，班主任也在，便没有强迫。结果夏令营结束后，孩子说："冻成了狗。以后出去要多带一点衣服。"通过这样的过程，让孩子得到自然的结果，孩子从实践中获得教训。

在学校里，孩子们由于各种原因，经常会做出损坏公物的行为，如打碎玻璃等，按照校纪校规，是需要赔偿的。有的孩子能够主动承认错误，家长也非常配合，让孩子从自己的零花钱中拿出钱来赔偿，让孩子承担责任；但有的孩子能躲就躲，不承认错误，还有的家长一味地袒护孩子，不愿让孩子承担责任。

三、评价责任感

孩子能不能始终保持负责任的态度和精神，评价非常关键。家庭中要营造以是否负责任来评价的氛围。例如，父亲是普通工薪阶层，收入不高，但是工作很努力，在家里孝亲敬长，是个负责任的人，是我们崇拜的对象。母亲就要夸赞父亲，不要以金钱来衡量父亲。

家长平时对孩子的评价不仅仅以结果为标准，更要以过程中是否尽职尽责为标准。例如，有个孩子最近的成绩并不理想，但是，家长看到孩子每天都很努力，所以评价孩子时应给予表扬，然后才是想办法提高学习效率。

当孩子承担了自己行为的后果时，家长要给予鼓励。虽然某件事情出现错误，但是孩子能主动承认错误并改正，家长就应该充分肯定。

　　家长平时与老师沟通的时候，不仅要问孩子的学习情况，也要关心孩子在学校各项集体活动中的表现。例如，作为值日生，黑板是否擦拭干净，卫生打扫情况如何；在班里担任工作是否认真完成。

　　责任感的培养，需要一个长期不懈的过程，需要教师的正确引导，需要家长的积极鼓励。把做负责任的人作为孩子的内在的自我要求。

　　托尔斯泰说过："有无责任心，将决定生活、家庭、工作、学习成功与失败。"

　　培养学生的责任心，是这个时代的需要。在培养学生责任心的路上，我们要坚定前行！

❤❤ 帮助孩子搭建"理想"大厦

我国生涯教育专家金树人说:"一个人若是看不到未来,他就掌握不住现在;一个人若是掌握不住现在,他就看不到未来。"

美国哈佛大学有一个非常著名的调查,内容是关于理想目标与对人生发展的影响。

学者对一群智力、学历、环境等条件都差不多的年轻人进行跟踪调查,持续了25年。

最初调查发现:没有理想目标的人占27%;理想目标模糊的占60%;有清晰但比较短期的理想目标的占10%;有清晰且长期的理想目标的只占3%。

25年后,结果却非常惊人。

那些没有理想目标的人,几乎生活在社会最底层,他们贫困潦倒;而那些理想目标模糊的人,几乎都生活在社会中下层,普普通通;那些有短期清晰理想目标的人,大都生活在社会的中上层,成为各行各业的专业人士,如医生、律师、工程师等;只有那些有长期清晰理想目标的人,几乎都成了行业精英、创业者或者领袖。

由此看出,**理想目标对人的成长具有巨大的推动作用**。

在学校里,有理想目标的孩子与无理想目标的孩子,在精神面貌和学习态度上有很大区别。

有一名叫张崇文的学生,他在父亲的影响下,爱阅读,受古今中外建功立业的人物所鼓舞。正好我国有一位主要领导人,和他是同乡,他希望今后也能成为"优秀的领导人"。父母并没有嘲笑他异想天开,而是支持他,与他一起讨论优秀领导人必备的素养,同时鼓励他朝着这个方向努力。从此以后，他更加刻苦学习，积极参加并组织了学校的一系列活动。有一段时间，他的物理成绩不理想，他就主动做题，向同学和老师请教，后来成绩有了很大进步，孩子的潜力得到了很大的发挥，最终考取了理想的大学，毕业后成为一家单位的优秀领导。

现实生活中，有理想目标的孩子做事更主动、成熟阳光，当其他孩子情绪化和玩乐的时候，他们更明白自己需要什么，积极迎接挑战、克服困难，成为自主前进的主体；在高考过程中，他们明确地知道自己要考取什么样的学校和专业，到大学后，也能继续努力，不会沉迷于打游戏或者追剧中，成为优秀的学生。

与之相反，没有理想目标的孩子，最大的特点就是被动，犹如汽车没有发动机，需要家长和教师来推动。教师和家长管理得紧一些，做事就积极一些，如果教师和家长管理得松一些，就会下滑。平时上课都是慢吞吞地进入教室，家长花了很多钱给孩子报辅导班，也没有什么明显效果。

为什么理想目标有这么大作用？因为人们在追求理想的过程中，能确定行动方向，带来力量。这种力量能唤醒孩子生命的潜能，产生不断前行的动力。

众所周知，有的理想通过努力是可以实现的，有的不一定能实现，但是理想给我们带来的力量是一样的。

有一位外交官回忆自己的学生时代说："我读书时，'哥德巴赫猜想'的文章被大家推崇，我的理想是做一名像陈景润一样的数学家，于是我努力学习，后来考取了北京大学，被分配到外交部。"

理想的最大价值是点燃孩子生命的内在力量，激发内驱力，帮助孩子树立远大理想是教师和家长最重要的任务。

一、帮助孩子树立理想

家长还能回忆起，你的孩子小时候想"当什么"吗？我的孩子小时候想开飞机。这是他的梦想，但由于各种因素影响，这些梦想并没有变成清晰明确的理想。在青春期阶段，首先家长要不断地激发孩子的理想意识，然后有意识地将理想落实到孩子具体的学习目标中，指引前进的方向，产生前进的动力。

青春期孩子的激情容易被点燃，他们会被各种人物和事件所激发，产生梦想，梦想不清晰，也容易消失。我们要通过各种方式，让孩子产生比较稳定和远大的志向，也就是理想。

在学校里，教师们常常通过各种活动，以不同的形式不断进行鼓励和激励，让他们燃起心中的热情，树立理想。家长要配合学校，在儿童和青春期初期就进行理想教育。

家长可以与孩子探讨："你羡慕什么样的人？""未来你希望做一个什么样的人？""你未来希望做什么职业？"让孩子结合自己的兴趣爱好和特长，不断地思考和深入探寻自己的理想。

孩子确定自己的理想一般需要一个过程，家长可以与他讨论，让他通过阅读、访谈、参观等，发现自己的兴趣爱好和特长去确定自己的理想。

家长限定孩子在一定时间内，如新年前、14岁等，经过思考，确定理想，并写下来，既可以写入日记本，也可以写在一个醒目的地方，如卧室的书桌上、墙壁上等，以便提醒自己。

激发理想也是学生生涯规划内容之一，随着新高考改革的推进，学生拥有更多的自主选择权，生涯规划教育成为"必须"，并不是高中或者高考时才考虑，需要提前准备。

理想与职业往往相关，也关系到上大学所学的专业，家长要给孩子提前了解各种职业的时间和机会。所以，理想教育越早越好，这样才来得及调查、调整，否则，到高三才去考虑这些问题往往没有回旋的余地。

二、接纳孩子的理想

孩子的理想多种多样，很多孩子的理想是从事常见的一些职业，如医生、律师、科学家、人工智能等工作；也有一些孩子的理想是从事餐饮、建筑等工作；也有孩子的理想是"超越父母""做志愿者""周游世界"；

还有一些孩子想当"明星""网红"。这些都是正常的事情，因为每个人的情况不一样，丰富多彩正是青春期的特色。

无论哪种理想，只要是远期、比较宏大、不伤害他人，家长都要接受，并给予肯定和赞赏。因为这是孩子目前内心需求的一种表现。家长要做的就是发现这个理想背后能鼓舞人前进的价值。

孩子的理想受他们生活的环境和自己的情况所影响。

根据马斯洛需求层次理论，只有先满足低层级的生理需求，然后才能满足较高层级的关系需要，最后满足最高层级的成长需要。

正如诗人流沙河说的一样："饥寒的年代里，理想是温饱；温饱的年代里，理想是文明。"

虽然现在大部分人的物质需求已经得到很大的满足，但是每个孩子的需求并不一样。

有一个孩子，他的理想是"超越父亲"，因为他父母关系不融洽，父亲总是批评他和母亲，他内心一方面希望得到父亲的认可，获得安全感，另一方面想跟父亲竞争，获得尊严。

有的孩子的理想，家长觉得不一定合适，家长不要轻易地否定，孩子们在成长的过程中，随着眼界的开阔和能力的提升，以及社会的变化，再加上教师和家长的引导，他们会不断地调整自己的理想，从初中到高中，他的理想是会发生变化的。很多人一生的理想会随着情况的变化而不断变化。

一位著名企业家，少年时家境贫寒，"走出山村，过温饱的日子"就是他的理想。随着他上学、工作和创业，他的思想状态逐渐发生变化，他的理想从找一个好工作，到当工程师，再到做好一位企业家；企业理想也从紧随国外企业，转变到带领团队去打造科技最前沿的企业。

我校有一名学生，他一直有一个演员梦，他的父母尊重他的意见，并且带他去参加各种培训，还让孩子对演员这个行业进行深入调查。通过调查，孩子发现自己的天资和资源在做演员上没有优势，于是及时调整自己的想法，放弃做演员的念头，决定选择与传媒有关的工作。从此开始认真学习文化课，高考时报考了一所重点大学的相关专业。被录取后，他在大学表现非常优秀，获得国家奖学金。

家长千万不要把自己的理想强加到孩子身上，否则会让孩子非常抵触或者痛苦。

前不久，就有一个女孩子在网上发帖说，她被父母逼迫学医，一上课就走神，经常半夜哭醒，多次去做心理咨询。

家长可以根据孩子的情况营造理想的氛围，提供好的建议，但最终的选择权要交给孩子，这样更能培养他全面看问题的能力等。

三、发现理想的品质

孩子们由于自身的局限性，其理想往往表面化，家长要带领孩子发现并丰富理想所具备的优秀品质和所需能力。

如果孩子的理想是当一名医生，家长就可以与孩子一起分析当医生的作用，如救死扶伤、受人尊重等，应该具备的素质，如精湛的医术、严谨的态度、高尚的医德和与时俱进的眼界等。

如果孩子的理想是明星，甚至是"网红"，家长可以让孩子深入了解他心目中的明星，特别是一些"常青树"明星的成长过程，让孩子发现每个明星的成长史都是一部奋斗史，每一棵"常青树"都是"德艺双馨"的艺术家。

作为普通人，孩子们的理想常常是"物质"和"精神"两个方面的追求，这是合理的。他们都是生存和发展的基础。如果只满足物质方面的追求，很容易陷入急功近利的状态。例如，孩子在学校，只看重学习，就会忽视锻炼其他能力，也不愿意融入集体、团结同学，那么成年获得一定的名利后，就会失去方向；如果盲目地只是追求精神方面的东西，往往就失去成长的基础和条件。

所以，家长既要满足孩子一定的物质需求，更要注重孩子的精神追求，培养孩子高尚的品德，以及胸怀大爱、积极向上的品质。

四、将理想变成目标

理想是用来追求的，它是长远目标，需要我们不断地积累，通过一个个小目标的完成来最终实现，从而成为孩子成长的阶梯。

如果孩子的理想是当一名医生，家长首先需要明确，学习态度要端正，学习必须努力，并将成绩要求变成分学段的要求，给自己制定目标，考取著名医学院；同时要求孩子保持其他优良品质，如有同理心、不断学习新知识和向同伴学习、学会合作，等等。

比较常见的办法是将理想先变成中高考的成绩目标。

在我的学生中，前后有几个孩子长大后想成为厨师，老师与他们一起分析未来优秀的厨师需要具备哪些品质和能力？结果离不开需要很强的学习能力。一名同学初心不改，到法国留学学习烹饪，学成回国后在北京成为一名著名的法餐厅厨师，并自己创业开了几家餐厅。父母都以他为傲。另外一名同学，考上了首都师范大学生物系，之后成为一名优秀的教师。

以上用理想将孩子内心的火焰点燃，用目标不断激励孩子进步。在现实学习中，我们要将目标变成孩子的学习计划，孩子须克服困难完成计划，一步步地成长，最终成为一个优秀的人。

理想的实现是从思想到行为的过程：梦想—理想—目标—计划—任务—行动。

孩子不一定能实现理想，但是一定会成为一个不断前行且充满力量的人。

♥♥ "纪律"不是"紧箍咒",而是"安全岛"

卢梭是法国推崇自由和民主的思想家,他曾经说过:"不遵守纪律,就等于革断了自己的自由。"

如果你要问:"在人的一生中,什么时候最抵触规则?"那一定是青春期。

这与他们的身心发育密切相关,此时情绪容易冲动,正是他们追求独立意识的时期,增加了他们对权威和约束的反抗,他们也很少感受到违纪的代价,还常常得到部分同伴的支持。再加上现代社会各种信息的传播,自然就造成了这种现状。

但此时也是他们最需要纪律做保证的时期。因为中学学习竞争最剧烈、活动最丰富,身心发展最迅猛。

同时,他们作为未来的公民,中国的法治建设逐渐完善,中学是孩子们走向社会的最后实习场,犹如他们在练车场最后进行"上车"练习一样。例如,没学会开车方法和建立规则意识就上路,既危害社会,也伤害自己,有时候损失不可弥补。所以,在中学时期教师和家长要帮助孩子建立规则意识,以及对法律、社会和自然的敬畏,只有这样才是真正地保护孩子。

青春期规则意识教育很有难度。一方面要规范孩子,另一方面要尊重孩子,同时还要保护孩子的创造性。如果方法不得当,不仅起不到好作用,还会激起他们对教师和家长的强烈抵抗,甚至引发敌对情绪,有的很可能会记恨一辈子。还有可能家长对孩子管得太死,孩子虽然有敬畏心,但是失去了灵性和创造性。

孩子如何将遵纪守法的思想内化于心、外化于行呢?

作为教师和家长要在坚持原则的情况下，探索用更合适的方法和手段对孩子进行规则意识教育。

多年的教育经验使我深深地体会到，一定要内外兼治，既要做好思想教育，让孩子认识到遵守纪律是个人生存和集体生存的内在需求，越自律，越自由，越安全，增强遵守纪律的自觉性和荣誉感，同时又要严格规范，让他们知道违规的代价，增强对自我行动的约束，对纪律产生敬畏感。我多次对严重违反校纪校规的家长和孩子说："即使你们记恨学校，学校也要按照校纪校规，告知遵守规则的重要性。这是保护孩子的未来。"

我总结了16字方针："晓之以理、动之以情、导之以行、规之以矩。"

一、建立规则意识

当我们走近孩子时，会发现他们内心经常有冲破纪律约束的想法，并对遵守纪律真地有困惑。

我刚当班主任时，有一名学生违反了纪律，当天他没有上自习，私自跑到校外买东西。我批评了他。他反问我："老师，作业做完了，难道就没有自由吗？为什么要遵守纪律？"当时这个问题猛击我这个新班主任的心，遵守纪律难道不是天经地义的吗？都像他这样，课都可以不上，他的安全怎么保证？

就像如此，孩子们并不明白遵守规则的意义，他们不断地用青春的力量在与纪律抗衡，试探各方面底线。回想一下，我们的青春期是不是也如此呢？孩子们常常感觉规矩太多，家长管得太宽、太严，失去了自由。他们认为纪律就是"紧箍咒"，甚至有的同学认为纪律抑制了他们个性的发展。有的时候，班级里那些破坏纪律的孩子，还会成为部分孩子心目中的偶像。

在他们看来，教师和家长就是站在了他们的对立面。虽然教师和家长不断地提出要求，他们也能遵守，但是一有机会就放松，有时还明知故犯。

这样，我们的首要任务是让他们理解"遵守纪律就是保护自己和集体"的重要观点，也是后期教育孩子理解法律意识的基础。

家长从身边看得见的事例开始，分析不遵纪守法产生的后果。例如，损坏班级照明，自己和同学们都不能使用；身边人不遵守交通规则，造成各种事故，害人害己，等等。

孩子们往往看不到行为的长期后果而不容易接受一些规章制度，常常存在侥幸心理。我们要用不同的方法让孩子理解纪律和法律产生的原因，增强他们遵守纪律和法律的自觉性。讲故事、看违法案例、听讲座是比较常见的方法。

例如，中学生禁止抽烟这条纪律，有些孩子就不理解，认为成年人抽烟，也没有禁止。教育他们可以从了解香烟的历史为切入点：香烟已经流传几百年，开始人们都感受到香烟的好处，能提神醒脑、有利于社交等，但是后来研究发现，吸烟对人的身体有极大损害，吸烟的人得肺癌的比例是不吸烟的人的4倍。吸烟对青少年的影响更大。所以，国家法律法规有明确规定，青少年禁止吸烟。

让孩子理解冰冷的纪律和法律法规里面充满了爱，其中的道理不是我们普通人能简单理解的，是人们多年经验教训的总结。在纪律和法规面前，我们要坚决执行，不要怀有侥幸心理，这也是以最小成本保护自己和集体的方法。

家长要让孩子理解，在规范内，创造性发挥自己能力的人，才是王者。如各种竞技比赛活动，都有规则，球场上的那些巨星，想取得成绩，都要先遵守球类规则，才能取得最后的成功。遵纪守法，才能获得真正的自由，才能创造性地发挥自己的才能。

让孩子们逐步理解"没有规矩，不成方圆"。人是群体生物，只有依靠法律、道德、纪律等才能约束人们的行为，调整社会关系，维护社会秩序。

二、拥有遵纪守法的荣誉感

我们在培养孩子遵纪守法的观念时,重要的不是在他们犯错误后的批评和惩罚,而是引导他们在遵纪守法方面的成功。让他们从遵纪守法中受益,拥有遵纪守法的成就感和荣誉感。

学校会对孩子在遵守纪律方面的表现,进行各种鼓励和表扬。家长也一起鼓励和表扬孩子,让遵守纪律成为他们的一种习惯和荣誉。

家庭中要营造遵纪守法的氛围,家长用言行做榜样,让孩子产生我出生在一个遵纪守法的家庭,自己身为其中一员很光荣。

家长要看得见孩子遵守纪律。当孩子在生活中做出遵守纪律的行为,特别是别人没有遵守,孩子遵守时,哪怕是很小的举动,家长都要及时发现并给予肯定和表扬。例如,在学校排队时自觉遵守秩序、提前到达规定地点等。

当孩子在遵纪方面有进步时,家长更应该鼓励,让遵纪守法植根于孩子的内心。这也是孩子能正确对待以后错误和惩罚的基础。

让孩子正确看待部分没有遵守纪律而得到好处的短时现象,坚持遵守纪律的原则。

有的家长平时对孩子遵守纪律的表现没有给予鼓励,既不利于孩子发扬优点,又不利于孩子改正不足。

三、建立明确的家庭规则

与孩子一起制定家庭规则是培养孩子规则意识的一种方法。

重要的一点是让孩子参与,让他们感受到被尊重,也便于理解和记忆,从而更愿意遵守规则。

家庭规则应明确、具体,涉及时间管理、家务分配、行为规范、电子设备使用等方面。确保规则既符合孩子的年龄和能力,又易于理解和执行,同时制定违反时的惩罚方法。

在规则的制定中，家长要以发展的观点相信孩子。把对孩子的要求分为三种情况：一是能够做到的，要求孩子继续保持；二是有条件才能允许的行为；三是禁止的行为，是家庭规则的底线。如表 4-1 所示。

表 4-1 家长对孩子要求的三种情况

一、已经做到的行为 （学生自律）	二、有条件允许的行为 （学生与家长商议，家长督促和管理）	三、家庭规则的底线 （教育和惩罚）
早睡早起、按时完成作业、每天倒垃圾、洗碗……	周末与同学出去玩、购买衣物、使用手机……	不打招呼就外出、不尊重老人、严重违反学校纪律……

每个孩子的行为都是可以不断变化的，如使用手机，上表中是在家长监督下，有固定的时间可以使用手机，如果孩子使用手机控制得很好，这一项就进入学生自律的第一种情况。反之，如果家长监督使用手机，还是达不到要求，就应该进入家庭规则底线的阶段，在一段时间内，孩子就没有用手机的机会。

四、孩子违纪时付出代价

当孩子违反家庭规定时，家长应该合理使用惩戒机制，也要以发展的眼光来对待。

首先要和孩子进行明确的沟通和解释，让他们了解违反规则的后果，承认错误。惩戒应该合理，既不过于严厉，也不能过于宽容。家长可以用一些适合孩子年龄和特点的惩戒方式，例如，限制使用电子设备的时间、减少外出活动的机会，等等。

如果孩子损害了家庭财产或者学校的财务，家长或教师需要对孩子进行教育并赔偿。我校有一个孩子在家挥动羽毛球拍玩，把鱼缸打破了，家长让他用压岁钱重新买了一个鱼缸。

有一次，我校组织学生外出研学活动，有一个孩子迟到了，学校等不及就出发了，当时孩子非常希望他的父亲开车送他到目的地，但是他的父亲告诉他，自己今天工作很忙，迟到了，可以在学校图书馆看书。

重大问题，家长可以根据情况，进行适当处罚，让孩子产生敬畏感，也可以通过有效控制的情绪表达，让他感受到规则的存在。

有一位家长说："我以前生气真地没法控制情绪，现在生气能控制了，想到孩子几次不能按照要求做，我应该表达我的不高兴。"

五、家长支持校纪校规

原北京四中校长刘长铭曾经说过："四中的成功，离不开学校多项规章制度。"

绝大多数家长非常配合学校教育，认可学校纪律，当孩子违反纪律时，能帮助孩子接受学校的教育和处罚。有一名学生多次不做值日跑回家，这次老师告知了家长，家长迅速回复说："我马上把他送回学校，让他打扫公共场所。"

但是也有一些不配合现象。一是对不同的纪律区别对待。对孩子违反学习方面的纪律重视一些，对其他纪律要求松一些。例如，对孩子上课迟到重视一些，孩子没有打扫卫生就淡漠一些。殊不知，孩子们遵守纪律是一种习惯，认真听老师话的孩子，往往也认真打扫卫生。他不能遵守打扫卫生的纪律，同样会不认真遵守学习方面的要求。

二是与其他国家比较，对中国的学校纪律颇有微词。曾经有位家长，在其他国家生活和工作过一段时间，他觉得国内的学校，对孩子要求都过严，阻碍了孩子创造性发展，所以，他对孩子的要求也很宽松，造成了孩子课堂上随意讲话等现象。

的确，由于国内班级学生多，组织管理难度大，教学内容不一样，纪律方面会比有些国家严格一些。但并不妨碍国内孩子的成长，中国近几十年教育的成果举世瞩目。

三是当孩子出现重大违纪情况，如伤害其他同学、考试舞弊等，学校进行处罚时，家长担心孩子会破罐子破摔，抵触学校的纪律处罚。老师理解家长的心情，这也是老师担心的，所以需要家校携手，共同预防不好的结果发生。家长和老师要站在统一战线，将这个过程变成教育孩子的良好契机，重点落在让孩子能认识到自己的错误，从这件事情上吸取教训，把一件坏事变成促进孩子成长的好事，学会在哪里跌倒就从哪里爬起来。这也是培养孩子耐挫能力的一种重要方式。

我们很清楚地知道，违纪的孩子是正在成长的孩子，他们只是在这个方面犯了错，需要不断改进。老师和家长的职责是帮助他们，相信孩子是能改正的。

改正错误的能力也是人的一种重要能力。

孩子的内在能量是巨大的，善与恶有时候就在一念之间，要让孩子对社会和自然产生敬畏感，才能在关键时刻做出正确的选择。

家长和老师在教育孩子遵守纪律方面，充当两个角色，一是帮助者，二是"法官"。帮助者是同理他的内心，帮助他建立规则意识；"法官"，就是根据各项纪律，对孩子进行教育，告诉他家人虽然爱他，但是社会规则是不能破坏的。两者缺一不可。

培养"小习惯",塑造"大人生"

美国心理学家威廉·詹姆士说过:"播下一个行动,收获一种习惯;播下一种习惯,收获一种性格;播下一种性格,收获一种命运。"由此可以看出习惯与人的命运密切相关。

我国现代教育家叶圣陶说:"教育就是培养习惯。"画家达·芬奇是文艺复兴时期的杰出代表,《蒙娜丽莎》的画作永远让人着迷。当你深入了解他时,你更会惊叹他那独特的好习惯,他的笔记做得非常详细,尤其是他的人体素描笔记,不仅有外在的形,还有内在的解剖结构,同时将自己的观察、思考、创意和实验,用文字表达出来,这些笔记成为他创作和发明的重要基础。这种注重记录和思考的习惯,让达·芬奇在多个领域都取得卓越的成就。

我国著名导演张艺谋也有与达·芬奇一样的做笔记习惯。

习惯是经过重复练习而巩固下来的思维模式和行为方式。好习惯都在不同程度上帮助人们实现自己的目标和梦想。

亚里士多德曾说:"每一个人,是重复的行为的结果。卓越不是一个行为,而是一种习惯。"

习惯还有一个重要特点,就是一旦形成,就进入潜意识,做同样的事情,会自动化,消耗人最少的能量,然后人可以将更多精力投入更有价值的创造性工作中,迅速进入快车道。

就如我们培养早起的习惯,刚开始需要定闹钟,或者被叫醒,但是一旦形成习惯,人体生物钟会在早上自然醒来,并能高效地工作。

孩子们在进入青春期之前已经具备各种习惯,随着青春期的到来,特别是进入初中后，需要培养与学习和成长相适应的良好习惯，并且纠正曾经固有的坏习惯。

一切都来得及，一切都有希望。抓住这个生长期，我们要培养促进孩子一生发展的好习惯。

形成习惯就像学习骑自行车。先要有学习的愿望和目标，开始时，需要不断尝试、摔倒，反复练习，但随着时间的推移，逐渐掌握了平衡和技巧。最终，骑自行车变得轻松自如，无须刻意思考就能前行。

一、提高认识

家长要通过各种方法，让孩子感到培养习惯是他成长的必须。增强孩子的自信，让孩子树立"我能行""过程很快乐"的观点。例如，培养孩子的阅读习惯，让孩子懂得阅读的重要性，然后家长和孩子共同努力，孩子在阅读过程中有收获、有快乐。

学校一直注重培养孩子们的各种习惯，但是培养好习惯涉及人们生活的方方面面，所以家校要携手共进。家庭和学校对孩子好习惯的培养，犹如两个圆，有重叠的部分，也有各自独立的部分。

所以，一方面需要家长和老师互相配合培养孩子的良好习惯；另一方面，需要家长根据孩子现在的情况和未来的发展培养好习惯。

二、制定目标

什么样的目标有利于今后形成习惯呢？

实践告诉我们，目标内容越具体、越明确越利于行动，同时制定的目标是在能力范围内，不能超越自己的能力，这样可以激发实现目标的积极性。目标还要有明确的时间期限，这样可以有紧迫感，促使孩子按时完成目标。

《微习惯》是一本很薄的小册子，但它却畅销世界。作者斯蒂芬·盖斯原本是一个大懒虫。每天从做1个俯卧撑，写一篇50个字的文章开始，逐渐爱上运动，成为肌肉型男，并且最后每天写2000字的文章，写作量是过去的4倍。

我们也可以如此，如制定阅读目标，在一个学期内，每天从开始读5分钟，慢慢过渡到读30分钟。阅读内容可以从孩子感兴趣的故事书开始，到阅读经典文本等更有价值的书籍。

三、反复训练

美国心理学家研究发现，人的一种动作和行为持续出现21天，就可能形成初步的习惯；如果坚持到90天，就可能养成稳定的习惯；习惯形成更长需要250多天甚至更多。这就是说，一种行为或动作持续出现的时间越长，越有可能养成习惯。

反复训练并不是容易的事，需要坚持，需要毅力。著名英语教育专家许国璋曾经说过："学英语第一册的时候人很多，到第二册就只有五分之一了，到第三册就不到百分之五了，学完第四册的人就更少了。"

这也印证了一句话：成功的路上并不拥挤，因为能够坚持的人并不多。

为了让孩子能够坚持反复训练，家长需要不断地努力。家长要注重将孩子的行为规范，从外在的力量变成内在的要求和自律，最后成为习惯。

我校有些孩子平时不爱锻炼，但自从学校公布了体育中考的要求后，父亲就带领孩子锻炼，最后孩子体育成绩达到了满意的结果，形成了锻炼的习惯，中考后仍然坚持锻炼。

养成习惯最重要的方法是刻意练习。在一段时间内，把某件事情当作重点，有目的、有计划、有反馈地进行重复练习，旨在通过专注和持续的努力，提高能力或知识水平，形成习惯。

孩子在形成习惯的过程中，开始往往很有激情，但是过段时间可能会出现懈怠，甚至恢复原样，家长和孩子会泄气，这是正常现象。因为这就像爬山一样，有时候需要休息；有时候上山路顺着山势，还会下降一些。这时家长就要鼓励孩子："休息一会儿我们再来！""我们一定能够爬上去！"但千万不能说"遇到一点困难就放弃，你能有什么出息"之类的话，让大家都丧失信心。

四、及时反馈

有一名高中生正在培养自主学习的习惯。开始几天他做得很好。妈妈鼓励道:"我看到你放学后不仅完成了作业,还主动预习了明天的课程,这样学习一定会帮助你加深对知识的理解。继续保持哦!"过了一段时间,孩子虽然仍然在预习,但是有点流于形式,妈妈思考后对孩子说:"我看到你坚持预习,这很好。不过,在预习时能找出并标注其中的难点和疑问,效果会更好。"

这位妈妈在培养孩子习惯的过程中,进行了有效反馈,让孩子理解自己的行为和后果,既有正向的鼓励,同时又指出孩子的问题,引导孩子朝积极的方向改进。

家长在给予反馈时,要注意以下几点。

首先家长要及时反馈,孩子也能做到及时调整;其次要具体,指出孩子做得好的地方和需要改进的地方;家长还要给予鼓励,即使孩子需要改进,也要以鼓励为主,增强他们的自信心和积极性。

最好的反馈,是让孩子自己形成反馈能力。孩子在形成习惯的过程中,学会自己监测自己,自己发现错误,并作出调整。每次活动后,孩子要多反思和总结,形成反馈的习惯。孩子应体会自己努力的结果,产生让人快乐的多巴胺。

五、形成环境

"独行快,众行远。"当一个人与一个集体一起行动时,会大大提高习惯养成的成功率。

我校一位老师的孩子,一直非常优秀,这也得益于他的母亲从小给他创建了一个良好的环境。从幼儿园开始,她妈妈就组织同班同学一起活动,如外出游园、共读图书、每天背诵课文打卡等。孩子在形成习惯的同时也培养了领导能力。

孩子在培养好习惯的同时，也要克服坏习惯。步骤方法同培养好习惯类似，也是一步步达到的。"一刀切除坏习惯"是不现实的，起码要付出超过 21 天的努力。请给孩子一些希望与耐心，慢慢陪他改掉坏习惯。

"提高认识—制定目标—反复训练—及时反馈—形成环境"是形成好习惯，或者克服坏习惯的五个步骤。

成功不是一种行为，而是一种习惯。

对中学生来说，不仅要培养良好的行为习惯，更要重视良好的思维习惯。

💗 成为阅读高手，让品德和知识双丰收

"行万里路，读万卷书"是古人总结提升自我的两个重要方法。阅读对个人的全面发展产生深远影响，它不仅在品行修养方面起着无可替代的作用，同时也是提升学习成绩的关键因素。

中国教育学会副会长朱永新说："一个人精神发育史就是他的阅读史。"

英国哲学家培根总结道："读史使人明志，读诗使人灵秀，数学使人周密，科学使人深刻，伦理使人庄重，逻辑修辞使人善辩。凡有所学，皆成性格。"

阅读能力对中高考成绩的影响举足轻重。目前，教育改革的方向是培养学生解决问题的能力，提升学生综合和实践能力。这些思想体现在各个学科的考试中，考题营造大量的真实环境，学生通过阅读，分析抓住问题的核心，进行解答。阅读能力是解题的基础。

阅读对孩子的发展有重要影响。在教学中，我做过调查和访谈。那些品学兼优的孩子，绝大部分具有丰富的阅读史。而规则意识淡薄和学习成绩较差的孩子，基本不喜欢阅读，甚至不阅读。还有一种现象，班里成绩好，但是比较自我的孩子，他们也没有养成良好的阅读习惯，他们学习成绩好，主要是"脑子聪明"或者家长管得严。

随着现在学校的不断宣传，家长们已经知道阅读的重要性，但是却面临很多问题。

"家里买了书，孩子不爱看。"

"书看了不少，但是语文成绩还是不好。"

"喜欢看手机，没有心思看书。"

怎样才能让孩子实现"不看书—看书—爱看书—会看书"的飞跃呢？

一、怎样选择孩子爱看的书籍

阅读历来是学生需要培养的一种能力。随着智能手机的普及，传统阅读受到了更大挑战。更需要我们研究如何进行阅读，以及纸质阅读与屏幕阅读相结合的方法。

1. 给孩子充分的选择权

阅读的第一个任务是：让孩子拿起书本，然后不断提高阅读意愿和能力。

孩子因为自身发育、兴趣爱好、阅读基础等因素，他们阅读的意愿各不相同。

同一年级的孩子，有的愿意阅读各类经典名著或者社科类书籍，有的愿意读普通文学类书籍，有的喜欢看动漫书籍，有的不喜欢读书。

最好的方法是，让他们有自主选择图书的权利。例如，在节假日，把他们带到书店、图书馆，感受阅读的氛围，在书的海洋里自己选择想读的书。（这是我最推荐的购书方法，到图书馆可以去一次了解很多书。）

科学研究发现，孩子如果有自主选择权，会有更多的阅读意愿。"兴趣是最好的老师。"只有激发孩子的阅读兴趣，他才有阅读的动力和自主性。

喜爱文学的学生可多阅读一些中外名著；好奇心强，对理科知识兴趣浓厚的可多阅读《三体》等科普读物；对政治、历史感兴趣的学生可多读一些名人传记；喜欢标新立异的学生可以阅读冒险的故事。这样学生既喜欢阅读，又培养了学生的爱好，为学生发挥个人特长打下基础，而阅读能力也在这不知不觉中提高了。

有时候，家长的美好愿望反而会削弱孩子的阅读兴趣。有的家长觉得让孩子看规定的经典名著才是阅读，只让孩子读经典名著；还有的家长认为，读学习方法方面的书能提高成绩，就给孩子购买作文指导之类的读物，结果孩子不愿意读书。

虽然以上两类书籍需要阅读，但不能只读这两类书籍，因为阅读不仅仅是为了考试。

2. 结合教材推荐图书

通过老师和同伴推荐，由课内阅读向课外阅读延展。延展是一种很好的阅读方法。无论是文科还是理科，如学习了《孔乙己》，老师可以向学生推荐《狂人日记》；开始学化学，学生可以阅读《诗意的原子》，或者《趣味化学之旅》。这种延伸性阅读，不仅巩固了课内知识，而且扩大了知识面，有利于学生发散性思维能力的形成。

在同学之间也会流行看某一种书籍，这是一种非常好的读书氛围，家长要抓住机会，不要用大人的思维去判断是否应该读，而是只要没有原则性问题，就让孩子参与其中，一起阅读，一起分享。

3. 结合新媒体进行阅读

新媒体资源快捷方便、内容丰富，它通过生动的影像，将人文、历史、地理、自然、艺术等领域的知识分享给孩子们，甚至连枯燥的数理化知识，也能与社会、文化、美学紧密结合，变得丰富且有趣。但它又有很多缺点，它使我们难以专心阅读，难以深度阅读，理解力和记忆力都降低。

所以，建议家长，先帮助孩子选择优秀的、适合他们身心发展的视频音频进行观看，然后再深入地阅读与之相关的书籍。

每年寒暑假，电视台都会播放各种优秀的电视剧，包括四大名著，家长可以让孩子边看电视剧，边阅读相关书籍。

观看了《我在故宫修文物》的音视频，再去买一本书来阅读；观看了电视剧《我的阿勒泰》，同时购买相关书籍阅读；如果孩子崇拜某个明星节目，可以买回他们的人物传记或文章阅读，通过阅读来了解他们一路走来的艰苦历程，让孩子体会到，只有读书才对他们的内涵有更深入的了解。

4. 全科阅读是方向

现在的阅读与十年前的阅读大不一样。十年前的阅读主要集中在文学方面，现在则是全科阅读，既包括人文社科，也包括自然科学。通过阅读，既了解文学这样想象的世界，也了解科学、人文社科这样真实的世界。

而且有些书籍，目前看似对学习"无用"，但能拓宽视野、培养能力、形成思想，奠定孩子的学习基础，也有利于孩子形成正确的世界观、人生观和价值观。这个过程犹如给孩子提供全面的营养。

教育部曾推荐《中小学生阅读指导目录》，家长可以从中寻找孩子们喜欢看的书籍，还可以通过互联网的相关信息，如豆瓣评分、著名学校的图书推荐、榜单排名、中学生最喜欢的读物或应该读的书等来选择图书阅读。

二、通过五结合，提升阅读能力

1. 泛读与精读相结合

泛读是指快速浏览一本书，了解其大致内容和主要观点。

目前有两种方法，一种是通过阅读封面、封底、前言、作者介绍、目录，了解书的大致意思，同时根据书的内容，挑选一个部分，进行详细阅读，了解书的内容和特点，弄懂这本书包括哪些部分、在说什么、构架如何等。

另一种方法，则是快速地将书浏览一遍，达到了解书的主要内容的目的。

通过泛读还能确定是否进行精读。

精读是指对一本书进行仔细、深入的阅读，理解其中的含义，分析文章的结构和主题。

进入精读阶段，要如鲁迅说的一样，做到"五到"，即眼到、口到、心到、手到、脑到。

首先要"脑到"，多思考、多提问。要关注每个段落的核心观点，对关键句和词汇进行深入理解，圈点勾画。同时，要思考文本中的观点、论据和结论，并与自己的知识和经验进行对照，形成自己的见解。

做笔记是提升阅读效果的重要方法。在阅读过程中，我们可以将书中的重要观点、精彩语句、自己的感悟和思想等记录下来。这样不仅可以帮助我们更好地理解和记忆书中的内容，还可以为我们以后的写作和思考提供素材。

有些学生读书不少，但语文素养未提高，原因是只泛读不精读。他们常持消遣心态读书，一目十行、走马观花，不动笔也不动脑，或是沉迷于曲折情节，不探究作品刻画人物、表达思想的方式，不欣赏其精美语言与新奇构思。这样的阅读既浪费时间，又消磨意志。

2. 整体与零碎时间相结合

养成每天阅读的习惯。

阅读需要我们坚持不懈地努力。每天最好坚持半小时以上，哪怕只有十几分钟，长此以往就会有很大的收获。

同学们可以固定在晚上作业做完之后，或者是早上、中午等时间进行阅读。

很多家庭为孩子设计了读书角，是一个安静、舒适、光线充足的阅读环境，这让孩子更加专注地进行阅读。也有的孩子去图书馆或其他安静的地方进行阅读和学习。

孩子们还可以利用碎片时间阅读，比如，等车、排队、课间休息等，培养在嘈杂环境下的阅读能力和习惯。

如果在校外，还可以在手机上下载一些电子书或者文章来阅读。

3. 思考与提问相结合

歌德曾说："经验丰富的人读书用两只眼睛，一只眼睛看到纸面上的话，另一只眼睛看到纸的背面。"这就是说，孩子在阅读的时候要透过表面现象，思考背后的原理、道理。**而提问是思考的起点，思考是提问的深化。**

在具体阅读时，首先可以在阅读前预设提问，以便激发好奇心。例如，当你准备阅读一本关于人工智能的科普书籍时，可以预先思考："什么是人工智能？""人工智能发展历程中有哪些里程碑事件？""人工智能对未来社会可能产生哪些影响？"这些问题可以作为阅读旅程中的指南针。

其次，在阅读中即时思考，深化理解。在阅读过程中，保持警觉，随时准备对文本内容进行深入思考。例如，在阅读一篇关于气候变化影响的文章时，你可能会遇到这样的句子："全球变暖导致极端天气事件频发。"此时，不妨停下来，思考并提出以下问题："极端天气为什么包括这些类型？""极端天气对人类有什么影响？"

最后，阅读后，进行总结式提问，促进成长。

推荐《如何阅读一本书》的方法，做到以下四问。

（1）整体来说，这本书主要讲了什么？（也可以运用于某一个段落或一篇文章）

（2）作者具体的观点、想法是什么？是怎么表述的？传达了哪些特殊的信息？

（3）这本书说得有道理吗？是全部有道理，还是部分有道理？（培养批判性思维）

（4）这本书的内容，与我有什么联系？我能提供哪些帮助？（做到知行合一）

这样的阅读可以获得知识，培养深度思考、批判性思维能力，并在丰富的阅读中，建立自己的思想，促进全面成长。

阅读时是否进行提问和思考，将决定阅读的效果。如果能做到，则拥有广博知识和深刻思想，否则，只模糊记得大意，甚至合上书就忘记。

4. 独享和分享相结合

阅读是个人单独进行的活动，有自己的喜怒哀乐以及收获。如果分享你会收获更多。

萧伯纳说过："你有一个苹果，我有一个苹果，我们彼此交换，每人还是一个苹果；你有一种思想，我有一种思想，我们彼此交换，每人可拥有两种思想。"

大家还记得学习金字塔吗？主动学习有三种方式：讨论、实践和教授给他人，这些方式的学习使自己的知识留存量增加，如图4-1所示。

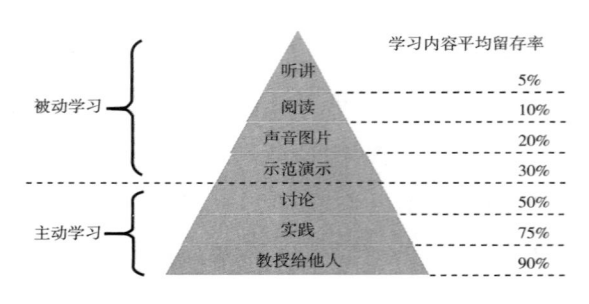

```
                学习内容平均留存率
         听讲         5%
被动学习  阅读        10%
         声音图片    20%
         示范演示    30%
─────────────────────────
         讨论        50%
主动学习  实践        75%
         教授给他人  90%
```

图4-1　学习金字塔

阅读后分享是利人利己的好方法。所以家长应鼓励孩子多分享。

一是鼓励孩子积极参加学校的阅读活动，与同学们共同读书，共同分享并积极参加讨论。

二是让孩子积极参加学校举行的各种课本剧和文学作品表演，让孩子按照书中的内容做成"艺术品"。我校每年都会根据情况，表演各种"书籍"，如四大名著、历史故事、自然科学实验等。

三是积极向别人介绍自己读过的书，号召大家一起阅读，并积极地将所读书写出书籍介绍、读后感等，向别人传授。

5.个人与多人阅读相结合

樊登是我国著名的读书社群创立者，他就是受父亲影响走上阅读之路，他说，"我每天回家，推开门，就看见我的父亲在读书"。

家长要做读书的榜样，形成读书习惯，建立家庭读书时间，减少看电视、刷手机的时间。

父母爱读书，是让孩子爱读书的捷径。

我们学校多次号召并安排家长与孩子一起阅读《平凡的人生》《活着》等书籍，让孩子与家长共同分享、讨论和探讨，使孩子对书的内容有更深的理解和收获。

现在有很多互联网读书社群，家长鼓励孩子积极参与，坚持阅读、分享，互相帮助，通过打卡、竞赛等各种活动，培养孩子爱读书的习惯。

人工智能时代，阅读面临新的革命，如用 AI 制作书籍大纲、将文字变成图像等，让阅读更加符合孩子的认知，丰富交流和分享的方式，使孩子们收获更大。

阅读能力的培养是一个长期过程，每个孩子的情况各异。优秀的孩子博览群书，阅读量远超学校要求；中等水平的孩子能达到学校阅读要求；而基础薄弱的孩子则难以达到要求，甚至少数孩子存在阅读障碍。因此，家长既要激发、调动孩子的积极性，让阅读成为他们自觉自愿的活动，又要在方法上区别对待。

一名从我校走出去的北师大学子，特别爱看书，他说中学 6 年把学校阅览室大半的书都看了。还有个孩子有阅读障碍，不过篮球打得很棒，但连阅读篮球杂志都困难，后来我们建议其父母先阅读再与孩子交流，这个孩子渐渐喜欢上看篮球杂志。

培养阅读习惯，"最好的时间是三年前，其次就是现在"。我们应当用人类文明的精神养分，助力孩子们成长。

第五章

激发内驱力：让孩子成为学习高手

怎样才能提高成绩呢？普通孩子能不能成为"学霸"呢？

孩子的学习成绩由"老师的教"和"学生的学"两个因素共同发生作用所决定。

在学校里，班主任老师和各学科老师通过各种教育教学手段，激发孩子学习动力，探寻教学方法，促进孩子提高成绩。在同样的教学环境下，学习成绩则是由学生不同的学习状态和学习方法所决定的。

凭借多年的教育教学和管理经验，我了解教师的"教"，也了解学生的"学"。特别是近年来，每年中高考结束后，我都会组织考得最好的学生、进步最大的学生进行总结，并为下一届的学弟学妹介绍经验。这使我对学生的"学"有了更多的研究。

学习优秀的学生有一些共同的特点，比如，学习目标明确，学习主动自律，学习态度严谨，学习效率较高，在学习中有获得感，而且有一套适合自己的学习方法。

他们的家长，虽然也关注孩子，却在孩子的学习过程中，逐渐放手。一位高三学生的母亲说："我和孩子的爸爸觉得他能考一所985学校就可以了，但是他非要考清华，还研究了相关专业往年录取分数，为每个学科制订了具体目标，学习非常认真，现在我们不用管他，还经常劝他要早点休息。"

这些孩子中绝大部分，从小学开始就在学习上一直处于领先地位，但也有一些普通学生通过努力实现逆袭。

高二，张滨因打架不仅受到处分，还赔偿了一大笔钱，原本学习成绩中等，之后更是一落千丈，不参加集体活动，对师生充满敌意。

学校为此制订帮扶方案，旨在消除阴影、激发动力、规划学习。

我与年级组长找他谈话，了解到他因赔偿花掉了父母辛苦挣来的钱而内疚，但又厌烦父母反复提及此事。我们提议，转变想法，更要认真学习，考上好大学，让父母觉得这笔钱花得值。这似乎点醒了他。然后我们给他提出了明确的学习目标及行为要求。

除谈话引导外，他还需要思想上的鼓励和行为上的监督。由于家长忙碌，他选择了信任的化学老师作为导师。化学老师身兼三职，非常负责。

不久后，张滨开始改变，最明显的是目光变得柔和，学习态度积极。他与化学老师制订学习方案，主动寻求各科老师帮助。他勤奋学习，成绩迅速提升。

经过高三一年的努力，张滨高考成绩大幅提高，最终进入理想的大学。

案例中张滨只是众多逆袭孩子中的一个。孩子逆袭需要家长和老师根据情况激发学习动机，同时寻找更好的学习方法。有的孩子自己领悟能力强，突然发力，自我奋进。

通过学习教育理论、大量访谈、阅读学霸们的学习资料，加上多年的教育实践，我积累了提升学习成绩的经验。在这一章里分享给大家。

❤ 学习高手是怎么炼成的

孩子学习成绩不理想，家长们最容易归结的原因是：孩子学习不刻苦，还有一部分家长认为是被手机耽误了。但是为什么在同样的环境下，别人家的孩子刻苦认真，就不会被手机耽误呢？

决定孩子学习成绩的因素到底是什么？我们的孩子怎么才能提升成绩呢？

2018年北京师范大学完成了一项国家级课题研究。北师大几位教授对120名高中生进行了为期一年的一对一辅导与跟踪研究。这个一对一辅导比较特别，辅导的不是学科知识，而是主要针对学生动力系统和学习方法。这些学生的平均成绩提高了80分，最高的成绩提高了160分，最低的成绩提高了30分。

他们辅导的理论依据是学习的冰山理论，如图5-1所示。

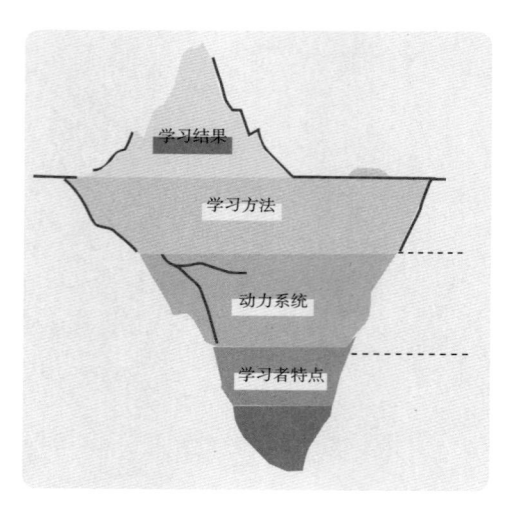

图5-1 冰山理论

这个理论认为，我们看得见的是孩子的学习结果，包括学习成绩和行为，勤奋度、计划性、抗挫能力等，犹如露出海面的冰山，它们是由冰面下的三个部分支撑的，**分别是学习者特点、动力系统和学习方法**。冰面下的部分越庞大，露出冰面的学习结果越明显。

最底层是学习者特点，有一部分是与生俱来的，但后天在一定条件下能够发生变化，如性格的内向和外向、学习优势感官（分别是视觉、听觉等），对学习影响各有优势。还有大家非常关注的智商，智商对孩子学习有影响，这是公认的事实。现代理论证明，智商可以通过学习行为发生一定的变化。

第二层是动力系统，第三层是学习方法，它们是决定学习成绩的重要因素。

当学生具有良好的学习动力时，便如同引擎启动，会自觉主动地投入学习之中，并努力克服困难，解决学习过程中遇到的各种问题。没有学习动力的孩子，犹如发动机熄火，有的甚至还拉了手刹，家长和老师无论如何推动他，都很难前进。

学习方法是决定学习效率的因素，是学习能力的体现。拥有学习动力，多数孩子能够逐渐摸索出一些有效的学习方法。但是若想在学业上取得更优异的成绩，还必须掌握一套科学高效的学习方法。

良好的学习方法能更高效地解决问题，增强孩子自信，进一步激发学习动力，形成良性循环。

我们观察到的大多数"学霸"，有强烈的学习动力，并掌握了高效学习策略。

用公式表达为：想学 + 会学 = 学会。

所以，教师和家长要齐心协力地激发孩子的学习动力，并帮助孩子寻找恰当的学习方法。

一名湖北籍学生的表哥考上了北京航空航天大学，表哥假期回家经常给他讲学校的生活和学习情况，家长鼓励孩子以后也要到北京上北航。孩子受到鼓舞，学习特别刻苦，同时自己也探索好的学习方法，后来高考考取了北京理工大学。

我曾经在北京一所初中学校担任执行校长，对学生学习动力和学习方法两手抓，在老师们的共同努力下因材施教，考试成绩有很大提升。所有年级学习成绩都排区第一名，高于区平均分30~70分，并远远地高于第二名。

变"要我学"为"我要学"

有一位家长说:"如果孩子的学习能像玩手机一样,自觉自愿,他一定成为学霸。"孩子能主动学习是所有老师和家长的共同愿望,其实也是孩子内心的愿望。

一、动力激发后威力有多大

学校一直在激发学生动机上面下功夫,例如,每学期开学要召开树立理想、确定目标的班会;开展各种竞赛活动;开学习总结会,不断地激发孩子的学习动机。很多著名学校,学生整体学习成绩好,其中一个重要因素是学校能很好地激发学生学习的动机。

我见过很多孩子的学习动机发生转变,学习成绩发生极大的逆转。在这方面,闽翰是让人记忆最深刻的学生。

闽翰高中时是体育特长生,三年来刻苦训练相关项目,希望考上北京体育大学,平时训练成绩都能达标,可到了测试时,由于紧张,犯规了,成绩没通过。

在得知消息后,高大的他崩溃大哭,理想破灭了,三年的辛苦付诸东流。

痛定思痛,闽翰现在唯一的出路是通过文化课考上大学,而他的文化课成绩平时只有400分左右,而此时离高考只有不到两个月,有可能连本科都上不了。但他还是决定拼一拼。他后来给学弟学妹介绍经验时说:"我想我不能就这样输了,体育训练这么辛苦我都能坚持,这次也能行。"

从此,他开始进入"疯狂"模式,给自己下达每天背100个单词的任务，其他学科认真听讲，下课就围住老师问各种问题，老师们也帮助和鼓励他。他说："那些天梦里都是背单词和做题。"功夫不负有心人，高考时他考了602分，成功地被北京体育大学录取，实现了他的理想。

这是我见到在最短时间内，涨分最快的孩子，他有一种让人敬佩的毅力、拼搏精神，也让他的潜能在短时间迸发。虽然一般情况下很难做到，但是可以看见人的潜力有多大。

二、家长相信自己、相信孩子

您希望孩子有强烈的学习动机吗？主要是您要有强烈的激发孩子的动机。

首先，我们要对每一个孩子都充满信心。科学研究发现，人的大脑目前只利用了10%左右，还有很大的潜力，所有孩子都可以在现有基础上得到提升。

其次，家长要有信心。"我能够激发孩子的学习动力。"这是家长成长型思维的重要表现。我们在实践中发现，只要家长按照一定的路径去做，孩子或多或少都能改变，有的孩子学习状态彻底改变，自己走上了快车道。退一万步说，哪怕小到只给孩子增加1~2分，也会有收获，因为我们是在与其他人比较。

激发孩子学习动机的方法非常多，学校、老师、家长、同学都可以是激发孩子学习动力的一种因素。有时候是长期积累的结果，有时候是偶然因素诱发的结果。所以以下的方法，家长也可以按照自己的实际情况分批分期来行动。有时候，不知道哪种方法就起作用了，有时候是几种方法综合作用。

家长要创造各种环境，采用各种方法，让孩子能够更好地激发学习动机。

三、"爱"的力量是无穷的

热爱是学习的最佳内驱力，这种爱可以是对老师的爱，对某学科的爱，也可以是对学校的爱，或者对其他事物的兴趣爱好。

1. 爱老师、爱学科、爱学校

大家有没有这样的经验，如果孩子喜欢一位老师，就爱上他的课，学习成绩也比较好。如果对某个学科感兴趣，也会主动学习，轻松地取得好成绩。如果孩子喜欢这个学校，他每天会高高兴兴去学校，否则，就会有抱怨。

孩子们是"亲其师，信其道"。

但是即使再好的学校，也有让人不满意的地方。老师们也是各具特色，很难满足所有孩子的喜好。假如你去问一个班的学生，你喜欢哪几位老师，其结果往往是既有相同，也有不同。

孩子无论进入什么学校，家长都要引导孩子快乐地去接受这一切，去发现这个学校的优点，让孩子感觉到这是适合他的学校，喜欢和信任老师。

有一个学校由于地处拆迁地区，周围环境特别差，孩子刚开始到学校都很沮丧，后来老师和家长们一起宣传学校悠久的历史，优秀传统，优秀毕业生，让孩子们燃起希望，热爱学校和老师。

孩子对某位学科老师产生抵触情绪，这是正常现象。毕竟，即便是成年人，在人际交往里也会遇到气场不合的人。此时，我们可以引导孩子将目光聚焦于学科本身，关注其重要性、优势以及实际需求。

以物理学科为例，生活中诸多现象都能运用物理知识来解释，小到汽车刹车原理，大到卫星发射，物理知识无处不在。如果老师要求严格，正契合"严师出高徒"的古训，长远来看，对孩子的成长大有益处。此外，高考中，各个学科占比较大，对孩子未来的升学影响深远。

当孩子用心去发现学科的魅力，体会到自己在学习过程中的收获时，便会逐渐对这门学科产生兴趣，抵触情绪也会慢慢消散。

2. 培养兴趣爱好

我们深知兴趣是最好的老师，很多人都是由兴趣出发，最后走向成功。

每个孩子都是独一无二的个体，他们所拥有的兴趣爱好千差万别，而这些兴趣爱好恰恰可以转化为强大的学习动力。如果我们能巧妙地引导孩子，帮助他们借助兴趣爱好来促进学习，往往能收获意想不到的效果。

吴泰浩特别喜欢火车，为了满足他对火车的好奇，他父亲曾经多次带着他前往铁路沿线、火车博物馆等地方，去近距离观察各种各样的火车。孩子萌生了未来从事与火车相关工作的强烈愿望。他父亲给他买了几本关于火车的书籍，在阅读过程中，有很多机车的内部结构他看不懂，通过了解，需要学力学、数学等知识，同时还要考北京交通大学。这激发了他学习的动力，从此改变了学习上的随意性。有了目标，学习更刻苦了。

通过吴泰浩的例子，我们可以清晰地看到，兴趣爱好确实能够成为孩子学习的强大动力，只要我们善于引导，就能让孩子在兴趣的驱动下，找到学习的方向，释放无限的潜力。

四、树立理想目标

实现理想是激发学习动机的重要方法，**理想的实现是一个从思想到行为的过程：梦想—理想—目标—计划—行动。**

1. 发现天赋，构建理想

这里再介绍一种在学校比较常用的方法。

可以问孩子："在不考虑学生学习成绩的情况下，你未来希望从事什么职业？"

"为什么喜欢这种职业？"也可以细分为"这个职业能为自己带来什么？能为家庭或者社会带来什么？"，这可以包括物质和精神两方面内容。

"如果你从事这种职业，你有什么优势？"

"还有什么差距？"

"现在你应该做哪些准备，然后可以达到？"

如果孩子觉得理想高于他现在的能力，可以继续问："如果达不到，你准备了哪些替代方案？"

在这个过程中，家长要多倾听，给孩子鼓励和认可，不要否定或者怀疑孩子，如果孩子没有想好可以给他时间。告诉孩子，人生美好的事情，就是有理想，要拼搏，理想可以给我们前进的动力，使孩子萌生成功的强烈动机。

2. 让理想变成目标

理想是远大的，只有变成一个个能实现的目标，才能走向成功。

对于中学生来说，最重要的是"中考"和"高考"。我们要提前布局，不能等到了初三和高三再思考考哪个学校。

很多家长提前做了功课，从小学、初中、高中、大学对孩子有很好的规划。但最重要的是孩子从内心发出来"我想去某某学校！"家长就要让他更多地了解。"你希望上哪所高中？""高中录取的分数段是多少？""你目前是多少？""怎样在各学科上实现？"还需要做哪些努力？

这个过程要避免孩子完全唯分数论。要在关注分数的同时，提升学习能力和掌握知识内涵。

最关键的是这个目标是孩子现在能"踮起脚尖够得着"的目标，甚至开始时，目标很小，他能较为轻易地达到。

♥ 建立学习信心，激发内驱力

当家长教育孩子要好好学习时，孩子们往往比你还知道学习的意义。但为什么他们不去做呢？除目标不明确外，还有一个重要原因，就是他们在学习上的自信心不足。

一、从成功中强化学习自信心

孩子们在相信自己能够学好的情况下，才会更加努力。

培养自信的首要方法，是对孩子进行正面的反馈和鼓励，不仅是成绩，也包括过程和特点，既可以是全局的，也可以是细节的。家长可以说，"是学习的料""是努力的结果""这个题思路很好"。

家长还可以让孩子回忆曾经在学习上取得的成功或者进步，分析其中原因，说明孩子有学习能力，努力就能取得成绩。这些都是孩子稳定和内在的特征。

家长千万不要认为孩子的成功是偶然因素，是运气，或者是题目简单等，不能只归结于不稳定的外在原因。

其次，发现孩子不同的学习特点，进行鼓励。人的天性是愿意学习新知识，人有不同的特点，有的记忆力强，有的理解能力强。孩子们在学习过程中，也获得了各种快乐，但是当需要把知识变为做题、考试等方式的时候，总有第一名和最后一名，虽然大部分孩子会适应，给自己定位，但有些孩子会丧失信心。这个时候，最需要家长帮助他们保持学习的信心，但有些家长往往在伤口上撒盐。

孩子数学考了 75 分，家长知道后，一顿数落，"看看，某某某考了

95分"。

正确的方法是，家长应发现孩子目前的实际情况，寻找其中孩子学习能力方面的优点。

有一个孩子平时考试成绩总是中等，但期末成绩一直保持在班级前几名，这个孩子经常挂在嘴边的一句话是："我爸爸说我接受知识的速度比较慢，但是很准确，一般第一次都考不好，多复习，期末成绩就好了。"

家长要根据孩子的情况制定标准，去发现优点。所以，要求不要过高，否则会扼杀孩子的自信。

二、从失败中保持学习自信心

每当学校开学时，我们会看到孩子们雄心勃勃，下决心要好好学习。但是等过了一个月，或到期中考试的时候，很多孩子又打回原形，其中一个重要原因是，孩子们通过多次努力并没有达到理想的成绩。

所以，如何让孩子在失败的情况下保持信心，是孩子们面临的非常重要的挑战。

如果孩子努力了，成绩还是不理想，家长首先要与他共情：孩子不容易，同时把失败归因于没有努力，而不是不适合学习等因素。

家长不要仅仅看到分数，要肯定孩子付出的努力，不要过多地自责，认识到努力要积累到一定程度才会成功。

曾经多名学生沮丧地对我说：老师，我最近已经很努力了，但是为什么成绩不见长进呢？我也常跟孩子们讲，基础薄弱犹如欠账，现在的努力，就是在还钱，只有把欠账还完了，才会有盈余，我们才看得出来进步，需要我们坚持。

家长要发现学习过程中的收获，让孩子思考："努力后与以前有什么区别？""做了哪些努力？""这次考试有什么收获？""如果不努力是什么结果？"

然后分析试卷，对于做错的题，找到原因，争取下次做对。让孩子明确在哪些方面有进步，自己在哪些方面需要提升，最后与孩子一起调整目标。

平时也可以带孩子去看各种励志书籍和影视作品，如《阿甘正传》等。

通过这些方法，让孩子认识到，自己的努力有收获和价值，坚持就能成功。对学习要做到"不抛弃，不放弃"，甚至让学生意识到：没有退步就是进步；没有掉队就是进步；掉队了，没有放弃就是好样的！这在无形中培养了孩子顽强的毅力。

如果我们不帮助孩子从一次次的失败中站起来，他们会丧失学习信心，认为"自己笨""不是学习的料"，变得"习得性无助"，学习态度消极，认为自己无法通过自身的努力改变结果。

三、让自信心迁移

有一个学习基础薄弱的孩子，爱打羽毛球，但妈妈不让他参加学校的羽毛球队，原因是孩子本来成绩就不好，这样就更不爱学习了。其实孩子妈妈不知道，他的孩子成绩不好，是基础太薄弱，没有掌握学习方法，孩子花在学习上的时间并不少。打羽毛球并不影响孩子的学习成绩，反而可以提高他的反应能力，增强孩子的自信。

心理学有一个重要的概念"自信心迁移"，是指人在某种活动中形成的自信心，能够影响并增强在其他领域或活动中的自信心。你会发现成功的人，更愿意接受挑战，因为他们已经具有足够的自信。

所以，家长要利用一切机会，让孩子有成功的体验，千万不要说，这个与学习成绩没有关系，没有用。

家长要为孩子提供发挥特长的机会，拥有更多的成功体验，让孩子的自信心迁移。孩子树立自信心对其一生都有重要的作用，并且对其他方面也大有裨益。

我校有一个男学生，是班里的篮球队长，但是学习成绩一直在班里处于中等偏下。

他的班主任是数学老师，有一天，跟他聊天，说："你球打得太好了！

怎么学的？"

孩子说："就是喜欢打球，再者就是打得多。"

老师说："你看我们俩关系也不错，你把数学题多做一些，数学成绩也一定会好起来。"后来这个孩子学数学的劲头大了，老师布置的题，错了他就找老师订正，成绩不断提高。

四、巧用竞赛和奖惩

孩子都有不服输的心理，竞赛和奖惩是最常用的鼓励孩子的方法。

1. 寻找相似的榜样

在学校，我们常常将优秀学生树立为榜样，鼓舞其他同学，但这个鼓舞的作用，对薄弱生的效果会减弱，什么样的榜样更能鼓舞他们呢？与他们相似的学生。

在一次年级大会上，学校让一位原来排名倒数，但是进步了二百多名的同学作为进步代表典型发言，马上引起了强烈反响。会后，有几个平时学习不认真的学生找到我，说："他能做到，我也能。"

所以，学校一般会鼓励孩子们与同层次的学生竞赛，也会树立几种典型，如全面发展的孩子，进步大的孩子，行为习惯良好，刻苦认真的代表等。

2. 内外动力共同作用

奖励对孩子的学习行为有立竿见影的作用，我在前面谈过，家长要不断地鼓励孩子，让孩子保持自信和前进的动力。

但是也要注意，这种外在的鼓励，长期使用会产生不良效果。

心理学家德西曾经做过一个实验。他将大学生分为两组做智力难题。

第一阶段，两组学生做题都无奖励。

第二阶段，只有其中一组得到 1 美元的报酬，这时受奖励的一组成绩提高，没有受奖励的一组成绩较低。

第三阶段，恢复到都没有奖励，发现得过奖励的小组参加的意愿和努力明显减弱，但一直没有奖励的小组兴趣有所增加。

这说明，孩子在从事有意义的学习活动时，奖励对他们是有作用的，但外在的奖励会削弱他们对学习活动内在的吸引力。

家长一定会问，如果这样，还需要对孩子的行为进行奖励和处罚吗？

回答仍然是肯定的，方法是我们平时不仅要表扬孩子，还要引导孩子去发现学习内在的意义和吸引力，让获得知识慢慢变成自我内在的奖励。

我国著名医学专家钟南山院士，小时候读书成绩很差，曾经留过级，到小学六年级，他母亲承诺他，如果他小学毕业时考到前5名，就给他买一辆盼望已久的自行车。于是他努力学习，后来他考到了第二名，家长兑现了承诺，并与他一起总结，这段时间他有什么收获，他反思在学习过程中，体会到学习的快乐，也觉得学习非常有趣。从此以后，学习成绩一直名列前茅。

家长要做的是，将外部动力转化为内在动力。不要"一奖了之""一罚了之"。这就像你永远在推车，一旦你放松，车子就停止，并且下滑。将他们引导到自我内在动力上来。

家长对孩子要多奖励，少处罚，要实事求是，公平公正，也要注意孩子的特点。

五、让没动力的孩子动起来

因为各种原因，有的孩子到初中时已经没有学习的意愿，这可以说是习得性无助的结果，需要老师和家长共同想办法让他动起来。

张明就是这样，用他的话说，上学主要是为了能够课间和放学后和同学玩。到了初二进行生物和地理小中考时，生物老师准备帮助他。以前考试，他生物随意填写答案，成绩常在20分左右。生物老师提出了得25分的目标，并有针对性地帮他，没想到得了31分的"好成绩"，这对他是一个很大的鼓舞，然后不断提高标准，后来生物达到了及格水平，最高得了65分（总分70分）。后来又复制成功经验，他的地理成绩也及格了。地理和生物小中考后的第二天，他就让妈妈去买其他学科的学习资料，假期只休息了几天就开始学习，后来初三一年都延续这种学习劲头。这是他从来没有想到的，改变了学习态度，建立了自信。

这是老师通过设定小目标、小步骤、小成功，到大成功的过程。

针对这些孩子，老师可以首先采用设定微小目标的方法，让他们只要行动，就有收获。

还可以结合从众心理，鼓励他们与同学共同参与活动。想象一下，当周围的人都开始奔跑时，孩子往往会不自觉地跟随，跑着跑着，他们发现自己其实有能力奔跑，从而逐渐树立自信。

在这个过程中，老师应确保所设定的目标足够小，以至于孩子们只需稍作努力便能达成，从而体验到成功的喜悦。

"成功孕育成功。"一旦孩子们在学习或活动中获得了初步的成功体验，他们会更容易产生与他人相似的学习动机。相反，如果一开始就期望他们拥有强烈的学习动机，往往会更加困难。

家长和老师要不断想办法让孩子有成功的体验，这对他们一生都有重要作用。

闭环学习法：高效学习的底层逻辑

心理学家安德斯·艾利克森通过研究发现：所谓天才并不神秘，其本质是"正确的方法"加上"大量的练习"。

坐在同一个教室里的孩子，有的成绩好，有的成绩不理想。这受到很多因素的影响，其中，适当的学习方法是重要因素之一。如果掌握了合适的方法，原本普通的孩子也会脱颖而出。

在学校，老师们不断地进行学习方法研究；组织学生进行学习方法探索；请优秀的毕业生交流经验；学习清华北大学生的学习经验。如果把这些经验运用于实践，将取得很好的成绩。老师们积累了丰富的适合中学生的学习方法，归纳起来有几个核心的内容，只要孩子踏踏实实地掌握以下内容，成绩都会有所提高，同时，孩子们也会找到更多适合自己特点的方法。

采用良性、开放的学习闭环，会得到意想不到的学习效果。

孩子上学前，家长会叮嘱其"好好听讲"；回家后，家长问得最多的是："作业做完了吗？"在孩子和家长的心目中，上课和做作业就是孩子学习的环节。

但是随着孩子升到初中，学科数目增加，学习内容加深，很多孩子晚上作业要做到很晚。孩子每天周而复始地"上课—作业"，在其中奔波，并且学习成绩还不理想。

而优秀的孩子的学习会形成一个闭环，如图 5-2 所示。这个环节增加了预习、复习和其他活动环节。由于最后一个环节非常重要，所以要多花些时间。

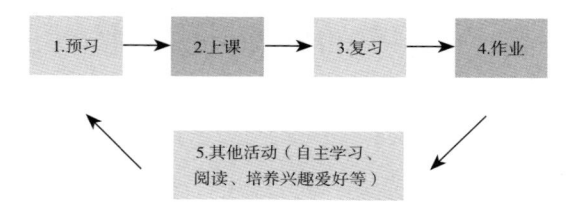

图 5-2　闭环学习法图示

很多孩子和家长好奇地问：这么多环节，还能有自主学习的时间吗？并且学习成绩能提高吗？实践是检验真理的唯一标准，很多成绩优秀的孩子都是运用这个方法。

清华大学学生陈陆淼在《学习力》一书中写道："我并不是一个很聪明的学生""预习、上课、复习、做好错题本是我上清华的大杀器。"

这个学习闭环越是在学习难度增大的情况下，越显出它的优势。这个学习闭环在初中比小学重要，高中比初中重要，难度大的学科比容易的学科重要。更重要的是形成习惯。这个闭环方法又可根据不同的学科灵活运用。

正确的事情里一定蕴含着科学的道理。

首先，学习闭环过程符合大脑接受知识的规律。获得一个知识，需要多次不断深入地认识它。不仅仅是简单识记和理解，还需要会运用和分析，达到综合和评价的程度，这样才会做各种题目，否则会出现一听就会，一做就错，或者不会做难度大的题目的现象。

其次，学习闭环过程符合记忆规律，大脑中主管记忆的海马体需要多次重复加工才能记忆，也符合加强记忆的时间规律。根据遗忘曲线规律，一天内的重复会减少遗忘。

更重要的是，学习闭环过程能将被动学习变为主动学习。预习时会发现问题，孩子在学习过程中一直在主动思考。它提升了学生的思维品质，对知识的学习会更全面、更深入，容易建立结构化知识，同时更容易注意一些细节，学习效率将大幅提升。

预习：学习高手的秘密武器

关于是否要预习以前一直存在争议。

反对预习的主要有以下几种观点：觉得没有必要，反正老师上课要讲的，孩子也听得懂，预习反而破坏了课程的神秘感；有的家长认为预习就是提前报课外班，造成孩子真正上课时不认真听讲，学习成绩不升反降；还有的孩子预习后，发现一是花时间，二是效果不大……

产生以上观点主要是因为孩子预习方法不正确。实践证明普通的孩子使用正确的预习方法会提高学习成绩。兄弟俩，一位清华毕业，一位北大毕业。他们出生在普通的农民家庭，一到暑假，兄弟俩就把上一届同学的书借来在家里自学。开学后上课前也做预习，加上他们一直非常刻苦努力，成绩都名列前茅。

预习首先要找对方法。我们要认识到，预习是围绕课堂展开，和其他几个环节一起形成一个系统，能真正帮助孩子掌握知识、提升能力。同时预习的方法既有一定之规，又可灵活多变。有学生曾经总结："方法找对，预习不累。"

预习以自学为主，目的是提高自主学习能力。

做预习犹如我们旅行时提前做的攻略。大家都有体会，去旅行做攻略和不做攻略，旅行的效果是完全不一样的。做攻略，我们会初步了解行程中有哪些风景，以及相关文化底蕴，也知道旅行中需要注意的事项，相当于我们了解了基本内容，注意到了重难点，还会提出一些疑问。在整个过程中，我们心中有底，到了旅行地，就会有更深入的了解，同时旅行也会更顺利。整个过程我们是主动参与者。反之，没有做攻略的人往往是被动的，他们简单地被导游引导，被动吸收，走马观花地到此一游。

一、课前预习

课前预习一般在上课的前一天晚上进行。考虑预习目的、时间限制等因素，预习方法需要孩子们不断地摸索，寻找高效方法。

1. 课前预习步骤

第一步：俯瞰目录。了解本节在本章本书中的地位，与上一节知识之间的关系。

第二步：快速阅读课本。通读课本章节全文或者其主要部分。

第三步：寻找和标记重点概念、公式和原理。一般是课本的黑体字部分和段首部分，将这些部分用画线、画框、加星号等标记起来。

第四步：尝试理解重点概念、公式和原理。尽量思考它们的含义，理解它们之间的内在逻辑，如果没有理解也不用强求，脑中有一个大致印象即可。可列出简单大纲，要有建构知识框架的意识。

第五步：记录自己的疑问。对于不理解的概念、公式和原理，以及自己产生的其他相关问题，以文字记录，也可做成表格，或者写在课本对应章节的首页空白、上方空白处。

第六步：了解课后习题。有时间可以做一做，发现问题，脑子里有印象即可。

2. 课前预习注意事项

（1）注意时间的把握。预习环节虽然重要，但是时间也要控制。在有限的时间内，我们一般控制在 15~30 分钟，从一门学科开始，要有重点地预习，如大部分学生会对自己薄弱的学科进行预习。但是如果学习基础特别薄弱，为了建立自信心，我们可以从孩子最感兴趣，并且成绩最好的学科开始预习，希望通过某一学科学习的进步，使其产生成就感，掌握方法，增强学习自信心，提高效率，随后在其他学科中有效应用。

（2）注意"度"的把握。既不可预习得太仔细，因为第二天老师会讲；

也不能预习得过于马虎，没有思考和问题，以致第二天上课仍然是被动状态。

（3）贵在坚持。由于同学们基础不同，有的学生预习效果不会马上显现，需要与其他教学环节相配合才能体现，所以贵在坚持。有的同学做了几次后觉得效果不好，就又走回刷题的老路上去，并且得出预习没有效果的结论。

二、学期预习

学期预习一般在寒暑假进行，也可以在学期中进行。预习方法与课前预习类似。

（1）俯瞰目录，了解内容与结构。根据每一个学科教材的目录，看大标题和小标题，即通过理解其相互关系大致了解全书或章节的内容。孩子可以制作一个简单的思维导图，了解内容和结构。思考：内容是什么？逻辑关系是什么？与以前学习的内容有什么关系？

（2）通读内容，初识知识全貌。将各学科的教材进行通读，最简单的方法是把教材当故事书看，读不懂的继续往下看，哪怕只是前言或者图片等吸引注意力的内容也可以，要对内容充满兴趣。现在的理科书籍，我们即使看不懂内容，也有很多科学故事、探究素材穿插其中，我们可以慢慢体会其内涵。孩子可以把其中不懂的地方圈点勾画出来，在时间允许的情况下，对感兴趣或者认为重要的内容再看一遍。你会发现，原来那些陌生的内容，就会熟悉一些，并且还有进一步的了解。

（3）重点突出，区别对待各个学科。假期的时间是有限的，各个学科特点也不同。孩子们一是可以根据自己的情况，有规划地学习。例如英语需要多背单词，语文需要背诵古诗词和课文，减轻上学时的负担，同时增加语文和英语的阅读量。二是对于难点学科，如高中学习过程中，数学、物理和化学学科对学生来说有一定难度，作为重点提前预习有利于孩子进行初高中知识衔接。三是对于薄弱学科，孩子哪科薄弱就多预习，也可以补一部分必要的基础。

（4）记录疑问。孩子在预习过程中要有提问思维，多问"是什么？""为什么？""怎么做？"，也可以查找其他资料尝试解决这些问题，拓展课堂的知识内容，并将相关疑问记录在书的空白处。

（5）做习题，触摸考试全貌。我国著名教育学家魏书生多年来所带班级的语文成绩名列全市第一，他重要的教学方法是引导孩子自主学习，在假期让孩子们将书本中文章的中心思想、段落大意和字词句自学，每学期开学第一天就把这一学期的考试卷子完成。

这是一个很好的检查预习效果的方法，我们不一定要全做，得多少分不是目的，主要是让孩子看到考试的范围。通过提前做习题，我们一边掌握知识一边学会考试，让孩子们逐步了解知识与考试之间的联系，更能激发他们得高分的欲望。

高效听课，成为驰骋课堂的"学霸"

如果把预习比喻成旅行前做的攻略，那么课堂就是我们实地的旅行。如果孩子全身心地沉浸在旅行环境中，去倾听、观察、思考、互动，心灵上一定会受到触动，知识上获得丰收，能力上得到提高，思想上得到提升。孩子的学习成绩会突出，也会将知识逐渐内化，形成相应的价值观，奠定成人成才的基础。

课堂比常规的旅行更重要，因为后期还要经过中、高考。

课堂是学习的主阵地，课堂对教师或者学生来说，都是神圣的！

课堂上，孩子不仅"学之以鱼"，即获得知识，更重要的是"学之以渔"，即学习获得知识的方法。

家长常常叮嘱孩子："上课要认真听讲。"怎样才能让孩子达到这个目的呢？

一、拥有积极心态，迎接神圣课堂

思想决定态度，态度决定行为。

让孩子认识到，高效听课是让学习事半功倍最重要的方法。

俗话说：课堂走神几分钟，课后摸索半天工。不要想到下课来补，每节课没有回放，课堂的环境是唯一的，每堂课都有其独特的学习环境，要热爱每一堂课。

有的学生上课不认真听讲，希望下课后老师进行辅导，这是很大的错误。下课需要解决的是上课实在不能解决的问题。

不同的听课效果，就犹如拿钱到商店购物，同样100元，有的孩子买了价值100元的东西，甚至有人能买到物超所值的东西，不好好学习的孩子，就只能买到价值50元的东西，或者更少。

其次是相信自己的老师。大部分学生和家长是信任学校和老师的，也有极少数学生和家长有自己的看法。多年来，有极少数孩子，特别是到了初三或者高三，因为孩子成绩不理想，他们选择一些专门的辅导机构进行全天辅导。多年来，我所见到的结果几乎都是成绩不升反降，包括我同事的孩子。

的确，老师不是完人，但老师整体是受过教育的，无论是师德还是教学都达到了一定水平，家长要相信学校，让孩子"亲其师"。孩子的老师，就是最适合他的。

二、提高课堂效率

获得知识需要通过感知、理解、记忆三个过程，然后才能运用和实践。其中，核心环节是理解，理解所需要的重要素质是思维能力。现在的中、高考非常重视解决问题的能力，其核心就是思维能力。

孔子说："学而不思则罔，思而不学则殆。"

课堂上，老师要以调动学生的思维能力为重要评价标准。理解后的知识更容易记忆、运用、分析和综合评判，帮助完成作业环节，这有助于孩子减少课堂上死记硬背带来的脑力负担。

1. 积极参加课堂活动

课堂有它的结构，每个环节都有其特殊的作用。

（1）课前准备。课间可以通过散步、望远或者与同学轻松交流的方式缓解上节课的紧张心情。不要追跑打闹，与同学产生矛盾，影响进入下一节课的学习状态。预备铃响后要迅速进入课堂状态，可以复习上一节课的内容，也可以回顾预习的内容。

（2）学会"听"课。

①课堂结构。一般一节课犹如写文章一样是"总—分—总"结构，虽然前后两个"总"，一般只占5~10分钟时间，但是却非常重要，在前面是

营造教学情景、激发好奇心、引起思考，同时蕴含本节课的主要内容。课堂最后则是一堂课的归纳总结，也是精华部分，包含同学们必须学会的内容以及知识结构。这个时候，学生们往往比较疲劳，觉得快下课了而没有重视。

中间环节一般是课堂的主要部分，教学过程在此进行，我们了解知识的来龙去脉、逻辑关系、落实知识等。但是中学生往往注意力不能持续集中这么长时间，所以同学们要随着老师的节奏进行学习，张弛有度。

②提高课堂思考能力。学会通过思考来获得知识是学生最重要的学习能力。

学生要始终保持好奇心，用坚强的意志力来排除干扰，将注意力集中在课堂上。

但是只做到这一点远远不够，还要通过提前预测、过程中分析理解、不断总结、后期延展等，始终处于思考状态。学生不仅要学习知识，还要学习老师的科学思维方法，同时在课堂上获得学习的快乐。

提前思考是一种主动学习策略，也有助于帮助学生消化理解知识。提前思考是在教师正式讲解某一内容之前，学生主动对该内容进行预先的思考与推测。例如，当教师引入"生态系统"新概念时，学生便依据自身已有的知识和理解先行构思，形成一个初步的认知框架。随后，在教师详细讲解的过程中，学生会将自己的初步认识与教师的专业阐释进行比对和融合，这一过程不仅能帮助学生理解知识，还能促使他们发现自身思维的局限与不足。

在老师讲解的过程中，学生要加快对知识的理解和消化，多问"为什么""是什么""怎么做"。

学生要不断总结，就是在学习过程的空隙对老师讲解的内容进行小结，归纳总结老师讲的内容。

后期延展是在学习某个知识后，学生要思考知识的适用范围和与其他知识之间的联系。学生在课堂时间是神经高度兴奋、深度思考的。要做好

"三结合"：把新知识与旧知识相结合，把书上的解释与自己的理解相结合，把知识与实践相结合，这样才能形成结构化的、具有个人特色的知识结构和良好的学习方法。

通过这样的学习方式，学生能够基于个人视角提出独到的见解和疑问，从而进一步促进知识的内化和创新思维的发展。

③突破重难点。假设我们去一个地方获取宝藏，路途中大部分是平原，有一条河流，宝藏藏在洞穴里。过河就是这个旅途的难点，到山上获取宝藏是重点。有时候知识的重难点是重合的，攻克了重难点孩子也就成长了。考试时自然就会检查你是否解决了重难点问题。

老师们对重难点知识一般都了然于胸。课堂上，会通过各种方法突破重难点，如讨论、反复讲述、做练习、划重点、敲黑板等。特别是同学们练习中的错题往往也是重难点。所以，同学们要紧跟老师的节奏，去发现重难点，集中火力，争取尽快突破。

在听讲的过程中，学生会遇到听不懂的内容，这时不要钻牛角尖，可以做好记号，有可能在后面的听讲中听懂了，即使没听懂，下课也可以请教老师和同学。

（3）积极参与课堂活动。美国学者爱德加·戴尔通过研究提出了学习金字塔理论。此理论认为学习分为两种类型，一种是被动学习，一种是主动学习。这两种学习最终的学习效果不同，主动学习中的讨论、实践或者教授给他人，更有助于知识的内化。

在新课标的指导下，在现代课堂上合作学习是一种教学常态，所以，学生要积极参与课堂各种合作学习，在与老师、同学的交流中，获得知识、提升能力。

积极回答老师提出的问题来展示自己的观点，不求完美、不怕出错。对于自己不能直接回答的问题，也要有明确的考虑问题的方法和答案，并与老师的答案进行比较分析。

学生要在课堂小组活动中积极扮演各种角色，哪怕只是个配合者，千万不要置身活动之外。

课堂上还有很多参与活动的机会，如上台板书、回答问题、动手操作、展示、竞赛等，学生们要积极参与，通过多种感官、沉浸式学习，获得更丰富的感受和刺激，提高学习效果。

在理科各种实验中，既要有合作精神，又要有独立精神，如生物的"唾液消化淀粉"实验中，取唾液是一个困难的过程，学生们要积极尝试。主动参与活动，同时要给其他人机会，积极配合。

学习过程中，不能脱离课本，要与教材相结合，教材是学习的根本蓝图，是最可靠依据，老师的教学都是围绕教材展开。

2. 承载主要内容的笔记

笔记是课堂的精华，是思维的产物和结果，是继续学习的抓手。

在教学中，有的同学将做课堂笔记放在首位，笔记做得很漂亮，但是成绩不好。还有的学生做笔记只是为了下课看。

做笔记，重要的是做到以下几点。

以听讲为主，笔记为辅。学生的笔记一般是根据老师的笔记演变而来，学生要判断抄哪些笔记，并在听懂后再抄。知识结构的内容、重难点内容、有疑问的地方以及容易错的地方要记录下来，用圈点勾画和标识缩写等方法，快速记笔记，自己懂即可。

注意老师讲解的思路和方法。记录课堂上的问题，课下问老师。

这样的笔记，能记录课堂教学的主要部分和思路，构建知识结构，形成自己的知识体系，也记录了重难点。

"学霸"不外传的高效作业法

"不写作业,母慈子孝;一写作业,鸡飞狗跳",这是家长辅导孩子写作业的真实写照。

家长疑惑:"为什么天天在写作业,学习成绩还是不高?"

学霸都是做作业的高手!完成作业速度快,质量高。

高效作业既能巩固知识,提升能力,同时也是学习环节中,时间控制的关键点,能给其他学习环节留下空间。

多年来,学校各种社团中,集聚了一大批优秀学生,他们在完成规定的作业和自主学习后,还能组织并开展各种活动,最后考上理想的大学,他们是如何做到的呢?

在做作业方面,他们解决了两个问题:合理安排时间、高效作业。

一、合理安排作业时间

孩子每天在学校的作业大致可以分为三类,首先,读记的内容,特别是文科的内容;其次,当天所学的基础知识和需要巩固的基础题;最后,有一定思维含量的拓展题和提高题。目前在课改的背景下,还有一些实践的作业。如果全部放在晚上时间完成,一是时间不够,二是抓不住重点,往往为了完成作业而做作业,达不到做作业的真正目的,更谈不上留下时间拓展自己的知识面。

1. 当天作业,向白天渗透

对于读记的内容和所学的基础知识以及需要巩固的基础题,白天要见缝插针地完成。

有的学生早上出门之前，把写有单词的纸条放在口袋里，上学路上，坐车时可以拿出来记背。

虽然在校期间，学生们的时间安排得很紧凑，课间也需要休息，但还是有很多空余时间，如中午时间、自习课等。中午吃完饭，可以适当地休息一下，如趴在桌子上休息20分钟左右。其他时间就可以做作业，在学校当天完成作业还有一个好处，就是知识没有遗忘，完成作业也快。

有一些特别优秀的孩子，能够在学校里完成当天的作业，晚上则按照自己的计划进行自主学习或者开展其他活动。

2. 规划放学后时间，留下活动空间

放学回家的时间，是重要的学习时间。整个状态应该是积极的，也是需要规划的。晚上是一个系统工程，不仅仅是简单完成作业。如果能安排合理，会给整个学习生涯打下扎实的基础。

时常有家长向我们反映："作业要做到很晚才能完成""做一会儿作业，就东瞅瞅西看看。"

孩子们也反映"考试时，太紧张了，时间也不够"。

限时作业是解决以上问题的有效方法之一。

通过时间限制，迫使孩子加快思考和书写速度，增强时间管理能力，提高专注力，逐渐适应考试节奏，也培养自律性。这样做作业，形成了一种习惯。最后"平时像考试，考试如平时"。

首先学生制订详细的作业计划。先做什么学科，后做什么学科，不要以做作业时间长为荣。要把自己薄弱学科的学习和中等难度的作业，安排在最重要的时间段。这样以学习进步为中心，然后再考虑其他因素，不要仅仅以怕哪个老师，或者班主任的科目先做。

学生将大作业拆分成小块，每块设定一个合理的时间限制。提醒学生在做作业时保持环境安静，减少干扰因素，如关闭手机、电视，提前喝水等。

在某些重要的作业或复习阶段，可以模拟考试环境进行限时训练，以增强学生的适应能力和应试技巧。

引导学生每次完成限时作业后进行自我反思，总结成功经验和不足之处。

作业有法，但无定法，贵在得法。

3. 周末作业，提前完成

孩子们周末作业往往要到周日晚上才能完成，并且还只能完成学校布置的作业。"学霸"往往有提前完成作业的习惯！

有一个优秀的孩子告诉我："我的周末是从周五晚上开始，周五晚上到周六完成作业，周六下午或者晚上作出总结和计划。周日我就放松一下，因为我家周日常会有一些活动，如看电影、走亲访友等。"

周五晚上，孩子回来做好周末规划，包括完成作业、总结、计划和其他活动，并完成一定量的作业。周六的学习时间与平时在学校相比，则节奏慢一些，适当多睡一会儿，背诵、朗读、完成作业；中午休息。

一天中留出时间总结上周情况，并做好下周计划。

毕竟他们是青春期孩子，身心正处于发展阶段，劳逸结合才能更好地发展，需要更宽广的视野，也需要更多的刺激，更多个性的张扬，周末是他们放松的时间。他们做完作业，可以参加一些娱乐活动等，也可以自己安排。

二、有效作业达成目标

对学生来说，作业"做过"和"做好"区别很大。"做过"的目的往往是把作业按时交上去；"做好"的目的则是进一步理解知识，提升能力。做题方法不同，最后结果大相径庭。

1. 做题步骤

（1）复习当天学习的知识。复习这个环节常常被忽视，虽然所花时间不多，但非常重要，通过梳理知识，可以帮助回忆，构建知识结构。先回忆课堂学习内容，再初步梳理，再通过看书看笔记完成复习。要注意重难点、易错点，或者书上的例题等。这个过程也为后面做题，奠定了坚实的基础，大大提高做题效率。

（2）三步骤做题。对有难度的题目，有些孩子为了尽快得到答案，看到题目就迅速收集信息，开始做作业，得到答案就算完成任务。若得不到答案，再重新来审题，既浪费了时间，也没有解好题。这样往往只能收获浅表层的知识，能力提升也有限，最后的成绩必然不理想。

一位北大的学生这样表达对做题的理解："完整地做题分为三个部分，审题是第一步，做出题目的答案只是完成了第二步，更重要的是对知识的思考和解题思路的领悟。"如图 5-3 所示。

①审题。要做好题，第一步是认真审题。

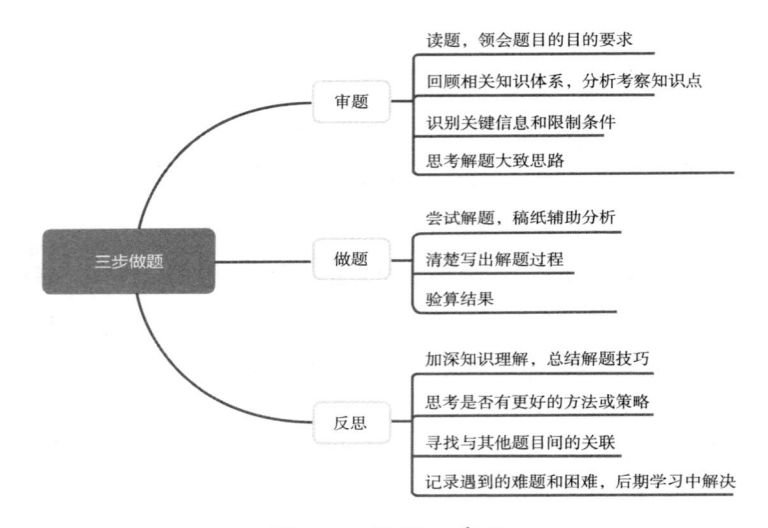

```
                    ┌─ 读题，领会题目的目的要求
              ┌审题─┼─ 回顾相关知识体系，分析考察知识点
              │     ├─ 识别关键信息和限制条件
              │     └─ 思考解题大致思路
              │
              │     ┌─ 尝试解题，稿纸辅助分析
    三步做题──┼做题─┼─ 清楚写出解题过程
              │     └─ 验算结果
              │
              │     ┌─ 加深知识理解，总结解题技巧
              │     ├─ 思考是否有更好的方法或策略
              └反思─┼─ 寻找与其他题目间的关联
                    └─ 记录遇到的难题和困难，后期学习中解决
```

图 5-3　做题三步骤

教育改革背景下，特别注重提升学生解决实际问题的能力，题目的题干很长，关键因素都隐藏其中。首先需要认真读题，才能领会题目的目的要求；其次需要回顾所学知识，明确出题人希望考察的是哪个知识点，或者来源于书上哪个部分；再次需要识别关键信息和限制条件，容易错的地方；最后通过思考找出一个大致的思路。

以上过程看上去慢，但是知晓了面对的问题、出题人意图，做题过程会更清晰明了，减少错误和漏洞，提高解题的准确性。

②做题。按照解题计划逐步进行，需要时用草稿纸辅助思考，确保

每个步骤都正确无误。在解题过程中，注意保持清晰的思路和条理。做完题，迅速验算结果。

如果遇到难题或不确定的地方，不要慌张，尽力思考，若没有解出答案，可以跳过或标记，等完成其他部分后再回来解决。

这个过程要竭尽全力开动脑筋，不要去寻找现成答案，而是思考、阅读、思考，直到解答出来，这有利于提升思维品质和应对考试的能力。

③反思。我曾经听到两个孩子的对话，一个说："今天数学作业真多。"另一个说："不过做完了，发现也就两三种类型，长得一个样，它们只不过来回变化条件和结果。"很显然，后一个孩子更具有归纳总结能力，达到了多题一解的目的。而反思能力比较薄弱的孩子，知识杂乱，越学越累。

所以，学生做完题，更重要的是需要总结和反思：对知识有什么更深的理解？解题技巧上有什么收获？是否有更好的方法或者策略？这个题目与其他题目有什么关联？还有哪些问题没有弄明白？

这大幅提升了解题能力和归纳总结能力，对以后做题会大有裨益。

这是一个循序渐进的过程，学生形成习惯，自然就会变成自动行为。

2. 分层做题

花同样的时间做不同的题，学习成绩提升一样吗？

美国心理学家诺尔·迪奇提出了行为改变三圈理论，能很好地表现每个人对某种知识的掌握程度，如图5-4所示。

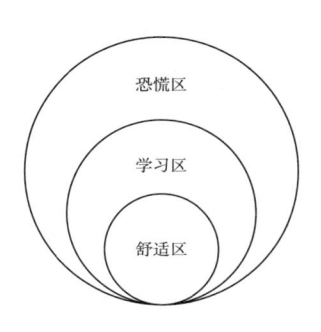

图5-4　三圈理论

舒适区，就是你不会做错的题目，肯定能拿分的知识区域，自己可以处于舒适的心理状态。

学习区，对自己来说有一定挑战，需要动脑筋，或者一看答案就会，不看答案有可能做不对，因而感到不适，但是不至于太难受。

恐慌区，超出自己能力范围，没思路的题目，可能导致放弃学习。

学生平时作业或中高考题，在这三个区域都有分布。

对舒适区认为简单的题目，学生要做到快速并不丢分。可以用边角时间完成此类习题。

把学习区的题目作为重点。这个过程需要开动脑筋，集中火力，解决问题，逐渐把学习区变成舒适区。对于学生来讲，做20道直接运用公式解答的基础题，不如认真做两道力所能及的证明题。

对恐慌区的题目，先不做，等扩大学习区后再考虑。慢慢地，恐慌区的题目有一些思路，成为学习区的题目。

这样，舒适区的题目不断扩大，学习区不断向外拓展，恐慌区的题目不断缩小。学生的成绩就会越来越好。

家长不要担心因为放弃一些恐慌区的题目会给孩子带来很大的损失。从两个方面看，一是因为中高考的题分为基础题、中等题和难题三部分，有一定的比例。高考总分750分，如果能得到80%的分数，也是600分，如果比例达到90%，成绩就是675分。所以，学生们的学习先落在能够得分的区域，力争做到"做过的全对"。另外，孩子们不断进步，恐慌区会越来越小。

有一个高中学生，他发现数学最后压轴题的后两问，他很难做出来。于是，放弃做这道题，把注意力集中放在基础题和中等题上，努力把懂的知识点不失分，最后考取了北京大学。

在学校里，有一些学生常常比较努力，但是成绩并没有提升，其中一个重要原因是他们经常花大量时间，反复做舒适区的题目，不断简单重复，并感觉很爽。有时候会做的题目还因马虎做错。

这些孩子往往用行为上的忙碌掩盖了思维上的懒惰！

💕 用好错题本：撬动成绩的杠杆

在学校，很多学霸对"错题本"推崇备至。有的孩子通过用好"错题本"使自己成绩逆袭。

但有部分学生在整理过错题本后，发现并没有什么作用；有的家长也参与到帮助孩子整理错题本的活动中，但由于缺乏有效的指导，使"错题本"流于形式。

"错题本"作用在何方？

每个学科都有独特的知识体系，每个习题都能体现这个结构上的一个或者几个点。老师和家长通过"错题"可以发现学生知识掌握的盲点、能力的缺陷、解题技能的不足，然后经过查缺补漏弥补不足。

这些错题往往在"学习区"或者"恐慌区"，让学习更有针对性，否则，就会把时间浪费在"舒适区"，事倍功半。

所以，孩子们要以积极的心态拥抱错题！

一、怎样做好"错题本"

改错的方法很多。"错题本"是改错的有效方法之一。在这里给大家介绍基本步骤，供大家参考并灵活运用。

1."抄"题

抄题并不需要把所有的错题都放在错题本上，要有选择。

学生平时在学习过程中，错误每天发生。一旦发现错误，及时改正，这样可以消灭一部分错题。

每周或学完一个单元知识后，需要有一个时间专门进行整理，并制作

"错题本"。其中的错题主要是"学习区"的习题。也就是对自己来说，通过努力可以做对，或者一看答案就会，不看有可能做不对的题目。对平时作业中虽然有错误，但是已经学会的内容，不必写在错题本上。太难的题目，超出了自己能力范围，如压轴题，也可以暂时放一下，还有偶尔出现的特别偏的题目也不抄录。

同时也可以抄下"好题"，包括好的题目、精妙的解法。

对于薄弱生，如果错题过多，要控制数量，以免花费太多时间，削弱信心。

做错题本时要将错题归类，如一张物理试卷上有8个错题，其中3个有关牛顿第二定律的错题，就需要放在一起，有利孩子分析原因，加强对知识的理解。

错题本用"活页夹"制作比较方便。这样有利于增减，对于已经学会的题目，可以去掉；对于新发现的其他错题，可以加入同一类。

为了节约时间，我们根据情况可以采取抄题的方法，有的题目可以剪裁粘贴；如果题干太长，只写出重要的知识点；如果同一类错题太多，只写出其中典型题目。

2. 分析原因

学生抄完题后，有的会努力尝试把错题做出来，有的会参考其他资料把题目弄懂，有的会把结果凑好。这样没有达到改错的真正目的，以后遇到类似题还容易犯错误。

"学霸"有一种能力，错过的题，能做到不错。

"学霸"与普通学生的区别在于对错题是否认真分析，找到错误的原因。分析错题是知识性错误、综合能力不强，还是解法技巧缺乏或解题经验不足。学生要学会发现出题人的目的，寻找出题人制造的卡点，只有找出这些卡点，才能找到问题的症结。

孩子们**要锻炼这种"改过就会"的能力。**

3. 改正错误

知道错误原因后，按照正确的逻辑和方法把错题认真做一遍。按照做题三个步骤"审题、做题、反思"，提升做题能力，对比自己各方面的不足。

4. 刻意练习

对于一些特别典型的问题、重点的问题，有时候改正一道题并不能达到掌握的程度，还需要做类似的题目来强化。

老师和家长可以在其他资料上找同类题目进行训练。将这些题目进行分析，找出其中规律。有的时候需要归纳出做题的模板，保证以后类似习题中不出错，并提升效率。

例如，有一个学生，对高中化学中氧化剂和还原剂的判断经常出错，然后在分析原因后，通过做了多个同类型题目，突破了这个难点，以后做到一看就会，减少很多具体过程。

5. 拓宽视野

如有可能，做会一道题后，还可以进行变式练习，看一看还能运用到哪些方面，如多题一解或一题多解。

这一步骤也是改错本发挥作用的重要环节。

通过以上方法，学生会提升整体做题能力，知识掌握水平、学习成绩自然会提高。

二、错题本的使用——不断复习、调整和反馈

错题本不是一次性的，需要不断复习和调整。它记录了学生前进的步伐，也提醒学生要注意的问题。

定期把错题本拿出来看。删除已经掌握的题目，增加新错题。有些题目除思考外还要请教老师和同学。

考试前要认真地看这些题目。因为这些题往往是重难点，也很有可能是考点。

考试完，学生应检验错题本的使用效果，再反思，不断改进错题本的

方法。

有一名大学生说:"我高考前看了错题本,发现有一个题目我原本不会,于是及时问了老师,结果高考就考了,这个题3分,如果没有这3分,我就上不了理想的学校。"

家长可以在学生的"错题本"上有作为,一是帮助孩子认识错题本的作用,传达正确的改题技巧;在与孩子协商后,及时检查孩子的错题;同时鼓励孩子与同学互相交流。

自主学习，成为"学霸"的必要条件

大齐在2024年北京市高考中居前20名，妈妈在接受采访的时候说："大齐有各种爱好，比如钢琴、书法、帆船等。""高中没有上过提升学习成绩的辅导班。"这与其他学校很多"学霸"类似，也有的"学霸"只上过一两个短暂的辅导班。他们的**成绩**，主要是在老师正常教学情况下，更多依靠自主学习得来的。

自主学习能力是孩子成为"学霸"的必要条件。

自主学习能力是可以逐步培养和提升的。

我们在前面讲到的各学习环节都渗透这种能力的培养。

这种能力的形成，不仅帮助孩子战胜高考，同时也帮助孩子形成主动意识和独立意识，激发大脑活动的强度，提升发现问题和解决问题的综合能力，极大地提高学习能力，终身受益。

随着智能时代（AI时代）的到来，自主学习对孩子来说更重要。清华大学赵昱鲲教授认为：在AI时代，技术的进步使得社会发展日新月异，当下很多职业在未来可能会不复存在。所以，教育应该帮助孩子养成自主学习的习惯，才能适应不断变化的未来社会。

孩子自主学习，是学习的最高境界。

一、自主学习的特点

什么是自主学习，普通的"自学"是不是"自主学习"呢？

如果孩子在没有教师直接指导的情况下，根据学校要求，独立地获取知识或技能的学习方式就叫自学。

但仅仅如此还不是自主学习，只是有"自主学习"的基础。自主学习有更高的要求，学生掌握了自主学习方法，会获得更好的成绩。

自主学习能力强的孩子能根据情况灵活地确定学习目标、制订学习计划、选择合适的学习方法。在学习过程中监控学习过程，评价学习结果，并不断形成新的学习策略，这是一种更全面、系统的学习方式。在学习过程中，并不排除利用其他资源，如请教老师和与同学讨论。

笔者以以下两个孩子为例，说明它们之间的区别。

学习牛顿第二定律时，张铭同学，下课自己阅读教材内容理解牛顿第二定律公式，记住力、质量和加速度的关系，做教材后的习题来巩固知识。目标是会用公式解题，能回答教材相关问题，以完成习题来评价自学成果。

彭江明同学，确定的学习目标是深刻理解定律知识，以及实验基础、适用范围等。他先了解牛顿发现定律的历史背景，深入研究定律推导过程。自己通过提问来判断知识学习情况，除教材外还会查阅资料、做实验，和他人交流来解决问题。最后以能否全面阐述定律内容、解释实验原理、应用知识解决复杂问题来评价学习成果。

同样是阅读《平凡的世界》，张铭同学主要是自己阅读文本，通过查字典等方式理解字词，顺着情节理解故事，方法比较单一。

彭江明同学则在阅读前了解故事发生的背景，阅读中深入分析人物和社会价值，采用查阅评论、做笔记、讨论等多种方法，学习过程会主动监控自己的学习进度和效果，更系统深入。

学习结束，他们俩内在的感受和收获会大不一样，能够输出的内容也不一样。

自主学习的学生处于更主动状态，需要高强度用脑，他们注重掌握知识的系统性，具备创造性，还能充分利用各种资源。

二、培养孩子自主学习的能力

自主学习的培养可以从小处着手，让孩子学习自主学习的方法，获得自主学习的成就感，形成习惯和系统的方法，提高学习效率，学会学习。

1. 建立"PDCA"循环

美国质量管理学家沃特·阿曼德·休哈特通过多年研究，提出了一个通用管理模型，叫"PDCA"循环，在各行各业得到广泛运用，获得高度赞誉。人们发现这一模型也非常适用于我们的学习过程。

"PDCA"是用英文的首字母代表做事的四个步骤。看上去与我们平时做事过程差不多，但实际上，如果你掌握了其中的奥秘，养成习惯，你做任何事情都会走上快车道。

（1）计划（Plan），围绕自己的目标，根据实际情况制订计划。

（2）执行（Do），按照计划踏实且灵活地实施，其间不断评判和评价结果，调整方法。

（3）检查（Check），总结本次计划实行的情况，评估是否达到要求目标，分清哪些正确，找出问题和不足。

（4）处理（Act），对上一个检查步骤的结果进行处理。主要是两方面工作：一方面，收集成功的经验，纳入标准。这个过程非常精妙，就在于把前几个步骤有规律的事情进行组合，或与其他的问题发生联系，形成结构化，省去中间环节，以后使用"组块"或"结构"解决问题会更高效。另一方面，将未能解决的问题转入下一个循环去解决。

前面讲到的做难题的过程，遵循了这个规律，即"审题（计划）—做题（执行）—反思（检查和处理）"。一般孩子只有简单审题和做题过程，现在四个步骤融为一个整体，每个步骤都有其特点。特别是处理过程中，形成"组块"能力。

"PDCA"循环，可以用于任何一个时间段内做的事情。

我们以一名初二学生晚自习的自主学习过程为例。

该生这个学期的学习目标是成绩居于班级前5名，并且找到更高效的学习方法。

首先，根据当天学习情况制订计划。他预估复习和完成作业需要2个小时，数学是他的薄弱学科，先做数学，重点突破因式分解几个题。作业完成后，做物理和英语的预习，然后阅读《老人与海》。

其次，按照计划，沉下心来学习。不断提出问题，进行思考，查阅资料，得出答案。后来发现一道数学题难住了自己，虽然尽力思考，还是没有结果，于是做好记号，准备第二天到学校问同学。

所有任务完成后，总结今天计划完成情况，发现先复习后写作业，保证了作业的质量和速度。数学因式分解的内容基本学会。但是开始做作业时间较晚，阅读时间较少。

最后，分析今天的收获，继续保持先复习后写作业。因式分解的有些题，再仔细分析，做到一看题目就知道结果。制订第二天的学习初步计划，并将今天的收获运用到新计划中。以后晚上学习时，开始要积极一些。

这样的学习是知识、能力、方法等多方面的积累和建构，坚持下去，能极大地提高学习和做事的能力与效率，也能更好地品尝其中的快乐。

按照以上方法学习，刚开始会花很多时间。坚持下去，随着方法不断掌握和熟练度增强，更重要的是形成了深度思考的习惯，孩子会走上快车道。

这也是我们实现理想环境中的后两个环节："梦想—理想—目标—计划—行动"。

2. 培养问题意识

现实中的"学霸"，都有一种好奇心理，能主动观察各种现象，并且有很强烈的问题意识。

普通学生常常不注意观察，看到各种事物和知识只是想把它记住，没有探究的习惯，这样很难真正解决问题。

问题是思考的开始。问题意识是一种思维习惯，也是需要中学生重点培养的习惯。

问题主要包括三个方面：

（1）是什么？

观察事物的现象：例如，"秋天有一些什么现象？"

把握事物的概念：例如，"什么是光合作用？"

确定具体的情况：例如，"什么时间、地点、人物、事件？"再如，学习《孔乙己》时，要弄明白哪几个要素。

推测事物的发展：例如，"未来是什么样？""可能发展成什么样？"

寻找事物间联系：例如，"光合作用与呼吸作用之间是什么关系？"

（2）为什么？

寻找事物的原因："秋天树叶为什么会黄？""为什么松树秋天仍然是绿的？""我们为什么要学习《孔乙己》这篇课文呢？"所有的"是什么"，都可以问"为什么？""是什么原因？""我们这么做有什么目的？"

判断事物的正误："书上说的正确吗？为什么？"

（3）怎么做？

制订行为方案：例如，"怎么做？""还有什么更好的方法？"再如，通过阅读了解松树叶子的结构，弄懂它不变绿的原因。

这三个问题之间互相联系，从观察到的现象，学生可以发现问题，或者产生探寻其背后的原因；了解了原因以及做事的目的，知道了事物的本质，才有利于制订方案，更好地解决问题。

我们提出问题的目的，一方面可以锻炼我们的思维能力，更重要的是提高发现问题、解决问题的能力。

平时，家长应积极激发孩子的好奇心，鼓励他们对自己的所见所闻勇于提出疑问和探索，并给予正面反馈和鼓励。同时在家庭和学校中营造一个开放、包容的氛围，接纳孩子各种稀奇古怪的问题，让孩子感到可以自由提问。家长示范提问的方法，也传授获得问题解决的策略和方法。

这些策略的实施，可以有效地培养孩子的问题意识，帮助他们成为更加自主、创新和有批判性思维的学习者。

3. 结构化和细节观相结合

"学霸"在知识掌握方面的重要特点是有全局观，能够将知识结构化，同时能敏锐地观察细节，并理解细节与结构之间的关系。

对学生来说，中学的知识如果不进行结构化，是非常庞杂的。就犹如商场里的物品散乱地堆积在各楼层，既占空间，又不容易知道有哪些商品。

知识的学习，需要先理解知识，根据性质特点进行分类，形成体系，摆在合适的地方。同时孩子根据一定的细节，有规律地寻找知识在结构的位置，灵活地进行解题。

如果学生缺乏知识的结构意识，学习知识时，就会死记硬背，都是一个个散乱的知识点，大脑容易疲劳，没有乐趣。解题的时候，非常困难，学习变成苦差事。

教材和老师对某一个学科的知识都有清晰的结构。虽然老师在有限的时间内，把尽量多的知识传授给学生，因为学生的基础、学习能力等不同，最后的收获不同。

那怎么办呢？

就是学习和思考。首先要阅读课本，知识的内容和体系都在教材里，同时根据老师的讲课，建立知识结构。

学生在平时做题时，也要将解题思路和方法进行归纳总结，形成结构化，没有这一步很难迅速解题。

学生在学习过程中不断丰富和完善知识结构体系。这是思考的过程，将知识的点连成线，将线连成面，将面连成体，构建自己的知识体系。

它能提升学生的思维品质，既学会归纳总结，又学会推断演绎的方法。

目前对知识结构化最受推崇的工具是思维导图，它是由英国心理学家托尼·博赞发明的，他撰写的《思维导图》影响了全世界各国人民。目前在学校已经得到了广泛推广，也取得了显著的成绩。

平时家长要提倡孩子制作思维导图，将知识归纳总结形成结构化，成为学生的一种思维习惯。

4. 战略性侧重

沙漠地带非常荒凉，但人们惊奇地发现有一小块草长得非常茂盛。通过分析后发现，原来是地下有一个水管，在此处正好有一个很小的漏点，使它周围的土地持续地保有水分。后来人们根据这个发现，发明了"滴灌"技术，实现这种技术的沙漠国家，后来还向国外出售鲜花。

其实学习也一样。学生学习的时间和精力是有限的，特别是基础薄弱的中学生，需要抓主要矛盾，集中火力，去解决关键问题。如果所有科目平均用力，很难提高和突破。

所以，学习需要战略性布局。

我校有一名学生，快高三了才从外校转入，如果按照他的学习基础，顶多考三本。通过分析发现，该学生偏科，语文、数学和化学是优势学科，物理和生物是薄弱学科，英语中等，最后采用的重点突破策略。

高三前两个月，该学生将学习重点放在突破生物学上。他课余时间主要用来学习生物学，做生物题，其他优势学科让步，做最低限度的题目，甚至减免，两个月时间，他的生物成绩有很大进步。这时候，他转向主攻物理，但是物理成绩提高较慢，到期末考试时也没有明显提高。同时他的强项学科化学，还出现了退步现象，但是老师们都知道，这只是暂时的。仍然让他在寒假，加大物理学科的学习。开学后的一天，他开心地对物理老师说："现在，和化学一样我不再害怕物理了。"最后高考考上了一所211大学。

我们经常遇到偏科的孩子，以他们的智商和能力可以考取更好的学校，但遗憾的是没有考上他们的理想大学，主要原因是他们一直在平均用力。

这种策略性也可以运用在同一学科的不同内容方面的突破。例如，语文学科，重点突破文言文或者作文。

中考和高考，目前是以总分的高低来录取学生。学生的优势学科达到一定程度后，提升的空间逐渐减小，只有薄弱学科才有更大的空间。

战略性侧重需要孩子、家长、老师共同努力完成。首先，家长和孩子要一起分析孩子的学习状况，哪些是优势学科，哪些是薄弱学科，哪些是中等学科。

其次，确定在一段时间内，战略性地集中精力主攻一到两个学科。课余时间用于学习重点学科，其他学科完成老师的基本任务。

不同的学生选择的重点学科不同，笔者建议优秀的孩子选择薄弱的学科进行学习；如果学习基础薄弱的孩子，则要反其道而行之，先从孩子相对优势的学科，最好是他喜欢的老师的学科进行专攻，通过这门学科的进步提升信心。然后将学习方法、态度迁移到其他学科。这是因为薄弱学生缺乏的不仅仅是知识，更重要的是缺乏学习的动力和信心。

自主学习的方法还有很多，如费曼学习法，将学到的知识传授给他人；在现代社会利用多种资源，帮助学生实现自主学习。

自主学习，是学生在一定目标下，充分利用各种资源，深度用脑，进行学习规划和行动，不仅获得知识，而且提升能力，达到甚至超越学习目标的过程。

学习有法，但无定法，不断调整，终将得法！

学习是一场终身的修行，而学习方法则是这场修行中的工具。笔者希望每名学生都能在学习的过程中，不断探索、不断实践，找到适合自己的学习方法，在知识的天空中自由翱翔，实现自己的人生目标。

第六章

关注社交：培养孩子的社会能力

现在的孩子在学校学习竞争如此激烈，他们还需要学习交往吗？还有时间学习交往吗？

回答是肯定的！

交往是他们日常学习和生活的必需，不仅会对他们目前的学习和生活产生很大影响，而且良好的交往能力与他们未来的事业发展和家庭幸福密切相关。

在学校里，我们发现孩子们对友情极度渴望；他们拥有友谊时，发自内心的愉悦；他们遇到交友问题时，内心痛苦和彷徨……

赵浩阳是一名初中住校生，刚入学时成绩优异。然而，一次踢球时他不小心撞到同学，被认为是故意的，导致与同学关系紧张。妈妈得知后，劝他专注学习，减少与成绩一般同学的交往。此后，赵浩阳逐渐疏远了朋友，独自学习、吃饭。结果被同学取不雅外号和调侃，同时被排除集体活动。他的情绪受到很大影响，然后频繁因身体不适请假，成绩下滑，最终不愿上学。父母将他转到新学校，但他依然独来独往，再次遭遇孤立，最终拒绝上学。

赵浩阳同学经历了"非常愿意与同学交往—产生矛盾—退出朋友圈—被孤立"的过程。同学之间的交往严重影响了他的情绪，最后他厌学逃学。

青春期交往是影响一生的隐形生命线

从赵浩阳的经历，我们看到，他的交往情况与他母亲的教育有关。他的母亲不了解青春期孩子的特点，也不了解孩子在学校的真实状况，更不了解交往能力培养对孩子今天和未来生活的重要性，从而对孩子做出了错误的指导和教育。

一、渴望交往，是青春期的特点

青春期孩子有很多特点，其中包括他们的交友。**青春期早期，他们比任何一个时期都渴望加入一个团体**。这是因为他们开始有独立意识，渴望脱离父母管教，但是他们又感到孤独，所以希望找到新的依赖，增强自信，获得安全感。这个时候，同伴或者可以信赖的成年人就成为他们的目标。

等过了青春期早期，随着他们能力的增强，他们的这种依赖心理会逐渐减弱，朋友圈松散，朋友圈的人数不断减少，甚至减少到两个人，有的是同性，也有少量异性。

我们可以看到，从小学高年级开始，孩子们热衷于交往，他们会主动寻找适合自己的团体，并按照团体的一些要求和标准来要求自己，如果这个团体喜欢打球，他们就会去买同样的球衣和球鞋。如果喜欢写作和阅读，他们就会读同样的书和写类似的文章。

交往已经成为他们很重要的活动之一。他们很在意其他同学的评价，希望获得其他同学的认可；口头上的语言也开始发生变化，由小时候的"我妈说的"到小学低年级时"老师说的"，再到现在"同学说的"。

青春期孩子还会经历对异性情感的萌芽，他们也需要学会与异性的正确交往。

二、建立友谊，是学校生活的必需

在学校，孩子们并不仅仅生活在学习这一维度中，他们还有很多空余时间和活动时间，这些时间是需要朋友的。我们会看到他们三五成群，一起在操场上打球，一起到食堂吃饭，一起在教室里讨论问题，一起在草地上聊天；时而欢声笑语，时而冥想沉思。这就是青春的样子。

我们也能看到极少数形单影只的孩子，他们各有各的特点，有的是很独立的孩子，有的是内向胆小的孩子。

学校组织的一些活动，体现了孩子受欢迎的程度。例如，外出的社会实践活动，一般以小组为单位活动。有时候老师会分配小组成员，但更多时候还是让孩子们自由组合。这个时候，我们看到交往能力的区别，人缘好的孩子，有的成为组织者，很多组都争抢要他；而交往能力弱的孩子，没有小组邀请，最后还是老师做其他同学的工作，才接纳了他。你能想象这类孩子内心的落寞和心酸吗？

三、同学交往，是学习的助手

《礼记·学记》中："独学而无友，则孤陋而寡闻；勤学而交流，则博学而睿智。"

孩子的知识在交流中变得丰富广博，思维变得睿智深刻。最好的交流伙伴就是他们的好朋友。他们平常在一起形影不离，交流起来很方便。在学校，我们经常看到孩子与好朋友在一起探讨学习问题的现象。

我们学校有两名女同学，她们是好朋友，也都是学校电视台社团的成员，平时在学校遇到问题总是她们两人先讨论，如果讨论不出来，再去问老师或其他同学。假期里，她们经常交流学习情况，互相启发，互相提供学习资源。她们为了练习英语口语，每天晚上固定在网上练习，互相提问，极大地提高了学习效率。最后两个孩子都考上了理想的大学。

四、学习交往，是青春期的课题

在北师大调查学生焦虑产生的因素时，排在第一位的是学习成绩，第二位的是各种关系，包括亲子关系和同学关系。所以，当家长发现孩子与同学交往出现焦虑时，一定要关注，并给予正确引导；如果引导不得当，会出现一系列不良后果。

青春期孩子交往愿望强烈，但是由于他们能力不足，在交往过程中容易产生各种矛盾，从而引起他们情绪上的变化，这种情绪变化又会严重影响他们的其他活动，特别是学习。这一点很多家长往往不太了解。现在大部分家庭都是独生子女，孩子在家庭中学习交往的机会不多，他们需要在实际交往中不断学习。

五、学会交往，是未来发展的基础

因为人是群居动物，只有互相依恋，才能生存。"学会共处"是联合国教科文组织提出的人的能力之一。

我们每个人回想自己的经历，大多在这个时期也交往了几个好朋友，这些朋友也许成为终身挚友。这是青春期交友的特点，交往没有功利性，纯洁而美好。

我们说学习成绩会决定孩子能上什么样的大学，而交往能力则决定孩子能走多远。同样在一个单位工作，有的人资源不断，进步很快，有的人却没有什么资源，原地踏步。固然与他们的专业能力有关，但也跟人与外界的交往有关，没有交往能力，对上对下的影响力就小，资源就有限。我们看到有些孩子虽然学习成绩一般，但是交往能力强，走向社会后也能在某一领域获得成功。

交往能力强的孩子，未来的家庭生活更容易和谐，也更容易建立亲密关系。

这些都是因为在交往能力培养过程中，他们的同理心、情绪管理能力、语言表达能力、解决问题能力、团队协作和领导等能力得到提升。养成了真诚善良、懂得感恩、善于付出、感性与理性交融的优良品质。

  虽然学习仍然是他们最重要的任务，但是只要家长有心，就可以学习与培养兼顾，与提升学习成绩并不矛盾，并且融洽的关系有利于孩子专注学习。

  这些能力和品质是青春期孩子需要具备的，家长和老师要携起手来帮助孩子。

帮助孩子进入合适群体很重要

很多家长都希望孩子结交几个品学兼优的朋友，并进入一个良好的群体，学校里有很多这样的群体。他们互相陪伴、互相帮助、互相激励、互相竞争。

但是有的家长发现孩子加入的群体并不理想，并且还受其他孩子的不利影响。有的家长发现自己的孩子并没有朋友。

怎么才能进入一个合适的群体，交到好朋友呢？

一、了解学生群体的特点

家长只有了解学生群体的特点，才能根据特点帮助孩子进入一个合适的群体。

1. 每个群体都有自己的特色

赵博上初二，与同年龄的孩子比起来，显得不成熟，学习成绩在班级里排倒数。放学后不及时回家，常与几个朋友在外面玩。他的父母都是重点大学毕业的研究生，看到孩子这种状况，非常着急。他的母亲认为，孩子这个样子，就是受其他同学影响，并且要求孩子不要跟这些同学一起玩，要跟成绩好的同学玩。孩子却说："不是我不跟成绩好的同学们玩，是他们不跟我玩，我跟他们很多地方玩不到一块。"

这是孩子真实的情况，孩子参加什么样的团队，是由他本身的特点决定的。每个团队都有自己的特点。

学生的群体，有的是以学习成绩为主，有的是以兴趣爱好为主，有的是以性格特征为主，还有群体什么性格的孩子都有。同一个群体的人愿意做相同的事情，如共同去看同一本书，参加一些活动，买同款的衣服等。

孩子们从中获得亲密的友谊，也从中了解自己，思考"我将成为谁。"

2. 没有完美的群体

在孩子们成长期间，没有绝对完美的群体。

一个群体里各种性格的人都有，遇到问题时，也会产生矛盾。他们在这些过程中，学习成长。

家长和老师要相信孩子们，绝大部分小群体是积极的，虽然有时也抱怨老师和家长，但内心还是希望得到家长和老师的夸赞，并不会与他们对立。孩子大部分的价值观和行为都是在允许的范围内，家长和老师不必过分担忧。

孩子与朋友间的关系有时与家长想象的不一样。他们喜欢个性独特、动作很夸张的明星；喜欢节奏明快、劲爆的音乐。这些也许家长并不喜欢，但是家长不要用自己的观点来判断，并阻挡。

对于严重违纪或者思想偏激的小群体，我们需要干预。

3. 群体中互相影响

我们经常听到家长说："孩子不听大人的，同学说什么他就听什么。""他身上的毛病都是受同学影响。"

家长首先要想到这是正常现象，孩子们在一起会互相影响，孩子不仅仅是受别人影响，他也在影响别人。孩子们在一起也有很多好的影响。例如，交流信息、开阔眼界，一个团在一起互相激励，互相竞争。再如，一个人开始跑步，其他同学也会一起跑步。

家长以为的孩子受影响，有一些是孩子自己的特点。

网上流传一个段子，是不同年龄孩子对妈妈说的话。

3岁："妈妈，我爱你哦。"

8岁："妈妈，我听你的。"

12岁："妈，你别说了，你根本什么都不懂。"

16岁："你能不能别说了，你别管我，烦死了。"

25岁:"妈,您当时是对的。"

我们不能把12岁孩子对妈妈说的话,都归结于受同学的影响,而是孩子在这个年龄正常的表现。

但是孩子的有些群体,家长要关注。

我刚参加工作的时候,老教师告诉我,不要让孩子们"串班"。所谓串班,就是不同班级的孩子过多交往。当时我很不理解,几年后我就赞同了。如果孩子比较优秀,他们专注学习,在班级里本身就会有很多朋友,一般不会特意去交其他班的朋友,即使交往,也是做一些有益的事情。

特别爱"串班"的孩子,往往自我管理能力比较弱,他们在班里没有太多朋友,有的孩子还炫耀自己有很多朋友。他们交往的朋友往往与他们有一样的特点。当他们独自一人时还胆小一些,当人一多,互相壮胆,容易做一些情绪化或者出格的事情。根据犯罪心理学研究,青春期群体违法比个人违纪概率要高7~8倍。所以,如果你的孩子自我管理能力很弱,就需要关注孩子的群体。

二、进入喜欢的群体很重要

如果家长发现孩子在学校很少参加各种活动,平时独来独往,神情严肃紧张,也没有朋友,请你注意,你的孩子可能处于一种孤独或者在学校被排斥的状态。

我们不要简单地认为这是孩子独立,是一种强大的表现。无论什么人都需要互助,特别是发育迅猛、学习压力大的青春期孩子,并且在学校同学多,大家都愿意交朋友,自己的孩子没有朋友,家长需要引起注意。

1. 在家庭中学习交往

家长要让孩子认识到人际交往的重要性,并在家庭内学会交往,引导孩子进行社会交往。有助于孩子在学校的交往。

家长可以带领孩子参与社会交往,多与朋友聚会,外出旅游等。常见的是家长参加活动的时候,尽量带上孩子;邀请同一单位的同事一起外出旅游，其中的孩子年龄大小不一；相约同班同学的家庭一起聚餐，等等。

孩子在交往过程中，可以学会基本交往技能和方法，增强交往的自信；另外，家长也可以发现孩子在交往过程中的不足，并加以引导；同时了解不同年龄孩子的特点。

2. 学习进入新的群体的技巧

进入新群体，一般需要采用一些比较渐进的方法。根据自己的特点，在众多群体中，首先寻找一个自己愿意加入，或者感觉容易加入的群体。有的孩子加入一个群体，往往是因为其中有一个朋友。然后在这个群体有活动的时候，走近他们，先观察他们的活动，知道他们常常做什么事情，有什么特点。之后，再想一想能为这个群体做什么？也就是我们常说的提供价值，例如，他们运动很剧烈，可以帮助提供一些水；有人受伤，进行一些安慰和陪伴等。

因为这个群体是孩子愿意加入的，或者其中有你很愿意结交的人，所以你把你内心的感受表达出来，表达对别人的赞美，人们都愿意与自己喜欢的人交往，或者与喜欢自己的人交往。

慢慢地，你在这个群体中，听从统一安排，最后成为其中的一员。

学生应该注意的是，自己还没有成为其中的一员，就很高调，这样让人感觉很厌烦，更不要过分地讨好。当然有时候，也有人对你并不友好，这都是正常现象。青春期学生应加入你比较接近或者喜欢的群体。

3. 努力进入喜欢的群体

如果你希望你的孩子成为某个群体中的一员，最有效的方法就是培养孩子这方面的能力，例如，你希望他加入学生成绩好的群体，最起码孩子的成绩要在中等以上；你希望孩子加入运动的群体，你要经常带孩子去参加体育活动，或者参加专项培训班，引导孩子朝你期望的方向努力。

什么样的孩子比较受欢迎呢？有以下一种或者几种特点的孩子，普遍受欢迎，如乐于助人、善良、热情、幽默和聪明。很多团队还有一种"人很好"的人，他们很踏实。

如果你的孩子与其他人没有共同点，很难融入群体，即使勉强加入，也逐渐被边缘化，不快乐。家长需要帮助孩子学习交往的技能，建立自信心。

也有极少数孩子，本来就很害羞，如果他本身是快乐的，同时有1~2个知心朋友，如果他不愿意参加一个群体，也未尝不可。

三、学会在群体中发挥作用

家长要帮助孩子在群体里用良好的言行去影响其他人，同时接受团体积极的影响。

孩子的群体就是一个自由组合的群体。其中既有处于相对主导地位的同学，这样的同学一般有明显的个人特色，开朗大方、乐于助人，有一些领导潜质，有管理和组织能力；也有一些是群体的骨干，他们与群体的特色高度吻合，对组织也起到了一定的作用；还有一些孩子是跟随者，主要听从组织的意见，有时也发表自己的意见；极少数是简单的参与者，他们几乎只服从，不发表意见。

每个孩子在群体里的角色是由其能力、特点所决定的。主导地位的同学往往将自己的作用发挥得更充分；骨干们既发挥自己的作用，也维护集体，他们学会在组织里配合，非常热心；跟随者为加入这个集体感到光荣，并且在组织中不断地调整自己的行为，有时候发表自己的意见，参与者以默默参与为主。每个人的角色也可能发生变化，如跟随者后来变成了骨干。

因为这样的群体往往是他们自愿和渴望参加的，他们能在其中贡献自己的力量。

如果这个群体是积极向上的，就是好的群体，孩子们都会成长，也会增强其自信和归属感。我们常常看到一个群体里的孩子们互相学习，互相竞争，互相嬉戏玩闹，有孩子遇到困难，大家互相帮助，安慰；遇到外来的伤害，也一起想办法应对。

但是孩子们也会违反纪律，如一起跑到学校外，看最新上映的电影。

四、孩子不适合这个群体，如何调整

杨素涵同学刚转到一个新学校，她学习成绩优异，喜欢唱歌。到校不久，就与几个爱唱歌的同学成为好朋友，在学校的中秋联欢会上，还一起表演了节目。

杨素涵跟赵晶关系最好，因为赵晶开朗大方，热心助人，是爱唱歌这个小团体的主要成员，但她学习上不努力。

有一天，杨素涵闷闷不乐地回家，告诉妈妈："今天，赵晶带我们几个同学出去玩，结果还来了几个大几岁的男同学，他们都是职业学校的学生，不仅抽烟，还喝酒。"素涵妈妈一听马上警觉起来："你怎么想这个事情？"素涵说："我不喜欢这几个男同学，他们一起聊的话题都是怎么混日子，而我以后是要考大学的，可是赵晶觉得这几个男孩很讲义气。"妈妈肯定了孩子的想法，觉得目前的朋友圈不适合女儿，于是母女一起决定减少参加他们的活动，慢慢脱离这个群体。

后来杨素涵虽然偶尔与赵晶有联系，但是周末已经不跟他们出去了。

犹如杨素涵一样，有时候孩子的朋友圈是需要调整的，常见以下几种情况，一是孩子的目标与这个圈里的同学不一致；二是孩子在群体里受到压力，常被同学讽刺挖苦；三是孩子在这个群体中，常要做出违心、违纪的事情。

分开后，请注意，不要说对以前朋友不利的话，或者泄露曾经的秘密，离开朋友也要与人为善。学校里有时会出现孩子们之间反目成仇的现象，就是因为说以前朋友的坏话造成的。

那么，怎么判断孩子的朋友圈是否合适呢？

首先，家长要了解孩子所在的群体及在群里的表现，然后进行抉择。

平时，家长可以经常与孩子谈论他们的朋友，以及参加的活动，从中了解群体的基本结构，孩子在其中所处的地位，他们的观点和想法。

其次，家长近距离接触孩子的群体。邀请群体里孩子的同学到家里来

玩，热情地招待他们，赞扬他们，如"你的衣服很酷""我家孩子说你很聪明"等，培养亲近感。这样让孩子们更多地在他们认为放心的地方一起玩乐和学习，降低到私密地方玩乐的可能性。

也可以让孩子们自己玩，家长作为服务者，但不加入其中。有位心理学家采取的办法是："我的孩子在与朋友们聚餐时，我就坐在几十米外的车里，孩子说'我们缺面包了'，我就开车去买。"

还有的家长与孩子朋友的家长们一起活动，如阅读、远足、野炊、庆祝等。在学校里，很多家长通过孩子的同学关系成了朋友，甚至还有的多年之后成为亲家，这些都源于孩子在校期间，家长互相了解和信任。

❤❤ 面对早恋，多种方法并行

提到"早恋"，有的家长会担心，有的家长会紧张，有的家长甚至焦虑，也有少数家长不以为然。

大部分父母担心在人生的黄金时代，孩子把精力投入恋爱中，影响学习；担心因为恋爱产生矛盾，影响孩子的情绪；更担心因为孩子的不当行为，受到伤害，或给别人造成伤害。无数实践证明：中学阶段的恋爱绝大部分弊大于利。

但青春期就是孩子们对异性产生羡慕、向往，希望被认可、被喜爱的时期。在现代文明到来之前，青春期是谈婚论嫁的时期，《红楼梦》中宝玉和黛玉的爱情就发生在这个阶段。

教育家苏霍姆林斯基曾经说过，未成年人的恋爱是一个无法回避的问题，这不是一件卑鄙无耻的事儿，它只能说明孩子的生理和心理又向成熟迈进了一步。

无论在哪个学校，"早恋"都是一道特殊的风景，也是一个需要老师和家长智慧对待的问题。

从小学中高年级开始，孩子们就开始起哄"谁和谁好"（现在也叫"嗑CP"）；无论学校和老师怎样预防教育，都会有少数孩子会"早恋"；无论老师和家长如何阻挡和疏导，还是会有一部分孩子坚持；无论孩子们如何努力并怀揣美好的愿望，但绝大部分会影响学习，大部分会"分手"；即使孩子们想和平分手，还是会有少数人发生冲突和矛盾。不过最终也会有极少数孩子一直保持"恋爱"关系，最后从"穿校服"走到"穿婚纱"。

我曾经多次给全体学生做思想工作，也走近早恋的学生，倾听他们的想法，与家长一起帮助他们解决各种问题。

孩子们最初的情感大多是纯洁和美好的。像所有关系一样，随着不断交往，会出现各种矛盾。我们需要针对不同的情况，采用不同方法进行疏导、教育或者阻止。

作为家长和老师，我们既要"进攻"又要"防守"，要防患于未然，提前教育，防止"早恋"；一旦"早恋"，就希望这份情感，对孩子利大于弊，避免出现各种问题；如果孩子要"分手"，就引导孩子以最好的方式分手……

家长和老师要坦然接受一切，积极行动。首先，我们利用经验和智慧，提前预判；然后，遇到什么问题，就化解什么问题。用现在的行动减少或者控制以前行为的伤害，看向未来，减少感情用事。让孩子从这次早恋中形成正确的认识，为今后建立亲密关系打下基础。

一、"预防"早恋

在这样一个关键时期，怎样预防孩子早恋，就是摆在家长和老师面前的一个首要问题。

在学校，我们会分别进行男生和女生教育。例如，针对不同性别的理想教育、责任感教育、男女生理和心理特征教育。

在现实中，家庭情况对孩子的早恋也有一定影响。以下几种情况，有助于减少早恋。

1. 营造友爱的家庭氛围

青春期学生恋爱，一般比较单纯，一方面是他们生理发育成熟，另一方面就是满足感情需求和归属感需求。

家中有爱的孩子会减少早恋。父母相爱，亲子关系和谐，孩子感到家是最温暖的港湾，更有安全感和归属感。同时孩子遇到各种问题，能被倾听、共情、得到帮助，就会减少向外寻求感情依托的可能，也就减少了早恋的可能。

有研究证明，父女关系和谐的女孩更难被外界男孩吸引。反之，如果家中没有温暖，孩子的情感得不到满足，面对的问题得不到解决，具有相同经历的异性同学就成为他们解决问题的帮手。

随着单亲家庭的增加，早恋容易发生在单亲家庭孩子身上。我们尊重每个家长对自己生活的选择，为了孩子，尽量维持家庭和谐。如果离婚，也要减小对孩子的影响。家长分开时，应做到心态平和，选择合适的场合和时机告知孩子离婚的原因。离异后，父母对孩子的爱不能减少，可能还需要更加关注孩子的情感，双方尽量克制说对方的坏话。如果一方做不到，最好找舅舅和叔叔等人，给予孩子更多关心。

2. 树立远大的理想目标

前不久，有一位记者采访了北京大学一位漂亮的女学生"中学时是如何拒绝男同学追求的？"，女同学说："我告诉他们，我的理想学校是北大，等我考取了以后再说。"

在学校各个层次的孩子都有可能早恋，优秀的孩子更容易成为其他孩子爱慕的对象，也可能互相吸引；有特点的孩子也容易吸引其他孩子，如长得漂亮、篮球打得好、性格好等，有共同特点或者不同特点的孩子也可能互相吸引。

如果帮助孩子树立远大的理想目标，告诉他们青春期是积攒力量的时期，会降低孩子早恋的倾向。目标越远大，孩子们的精力更多地集中在学习上，越能克服目前遇到的各种困难，克服情感上的依赖。

我也不建议家长极端地告诉孩子依靠自己。虽然自立自强是人生存的根本，但是人需要互相帮助。既独立又有一定依赖才是生存和发展的最好方法。中学时期如果单纯给予孩子"独立"和"建功立业"的思想，也不利于他们在工作中合作。同时家长要告诉孩子，人的事业和生活需要达到一定的平衡，中学不是把精力放在恋爱的最佳时期。

3. 明确态度，教育引导

教育的最佳时期是青春期早期，家长让孩子通过身边的事例明白早恋对学习和生活的影响，也可以通过阅读资料和书籍，或者到网上查找资料以及与过来人进行沟通和交流，来了解早恋的情况。（这些过来人包括长辈、老师、师兄、师弟等）。

通过这些方法，让孩子了解恋爱是人类美好的情感，同时它也是一种责任，需要付出情感、时间、精力和金钱，孩子作为未成年人，还不完全具备恋爱的思想和物质基础。

父母应理解孩子的思想和情感，但要明确表明家长的态度，不赞成早恋。

当孩子们谈论异性话题时，家长应把它作为教育的契机，对孩子进行引导，不要过分紧张。

如果感觉孩子对某个异性同学有好感，建议孩子把这种好感变成友谊。不要因为一棵树而失去一片森林，因为青春期孩子是建立世界观、人生观的时候，过早恋爱，容易让人的眼光局限于一个人身上，患得患失，也会失去这个时期孩子与其他同学交往和学习的机会。

如果有别的孩子向你的孩子表白，要教会孩子温和而坚定地拒绝，还要顾及对方的尊严：教会孩子委婉地拒绝对方，例如，"我父母不同意""我现在只想好好学习"等；如果在学校里有别的孩子向你的孩子表白，不要告诉其他同学，否则会遭到其他同学的嘲笑，对方容易做出偏激的行为。

家长也要教给孩子男女同学正常交往的基本方法，要开朗大方，不要因为自己的行为让其他异性同学产生错觉；不要单独与异性有过多来往；尽量参与同学间的集体活动，即使需要与某个异性有更多交往，也不能放弃集体活动；增加孩子的兴趣爱好和运动，分散其注意力，等等。

这些提前教育和引导的方法，有利于孩子面临早恋问题时，有正确的态度和行为。

二、对待早恋要阻止、规范、引导并行

"早恋"也许正好发生在你的孩子身上，家长是如何应对的？孩子们的情况各不相同，家长和老师也要区别对待。

1."阻止"早恋的进行

"阻止"早恋几乎是大多数家长的第一个反应。（根据不同情况，有些家长也会采取不同态度）。

一般情况下，如果家长对待孩子早恋问题有明确的态度，部分孩子会暂缓或者停止两人的关系，听从父母和老师的建议。这样的家长在劝阻时注意方式、方法，倾听孩子内心，关爱孩子；把做思想工作和提出明确要求相结合。同时家长调整自己的行为，给予孩子更多关爱，多陪伴孩子，如接送孩子上下学等，避免孩子早恋的继续进行。

容易阻止的情况是：两个孩子在早恋过程中出现矛盾和问题，最常见的是学习成绩明显下滑，互相伤害，或者行为超出一定的范围，受到学校的批评教育，他们认识到早恋对自己的学习和生活造成不利影响。也有一些孩子发现问题，主动停止关系。

余曼曼和张信升入初中时，学习成绩都排年级前几名。到初二，随着两人关系的密切，成绩都有严重下滑趋势，特别是女孩。后来在家长和老师的教育下，二人分开。到初三时，两个孩子的成绩不断进步，中考考取了重点高中。

也有的家长听说孩子早恋后，"围追堵截""草木皆兵"，虽然看上去，起到了一定的规范作用，但有些孩子采取了更加隐蔽的行为，或者发生了更加严重的青春期逆反行为，促使男女关系更加亲密，引发了"罗密欧与朱丽叶"现象。

2."引导"+"规范"早恋行为

无论家长和老师如何晓之以理，动之以情，还是有少数孩子继续早恋。

当家长走近这些孩子，倾听他们的思想和内心，观察他们的行为时，会发现，有极少数早恋是很难阻止的，特别是高中学生。

两名高二学生，都来自单亲家庭，他们的成绩一直在班里处于中等偏下水平，平时两人互相鼓励，学习上互相帮助，学习成绩提高。女孩生病时，男孩关心她，给她快递药品，在学校里也比较低调，平时与其他同学一起活动，没有出格的行为。

另外两名高中学生，分别是学校的文科班和理科班的学生干部，在学校社团工作中逐渐产生感情，他们的思想相对比较成熟，还相约考同一所大学，老师和家长都劝说无果。

如果孩子的早恋无法阻止，怎么办呢？那就需要进一步引导和规范，否则以孩子的思想情绪状况以及现代开放的社会，是很容易出现各种问题的。

（1）了解情况，识别状态。孩子早恋，家长不要觉得就是大逆不道，要认识到早恋也是孩子成熟的一种表现。家长首先与孩子坐下来，可以说："你有喜欢的人了，说明你长大了"，然后逐步了解孩子的恋爱经过和具体情况，询问以下几个问题。

A. 你喜欢对方一定有道理，喜欢对方什么特点呢？
B. 他（她）喜欢你哪些特点？
C. 你们是互相喜欢，还是单方面喜欢更多一些？
D. 你们交往的时间、方式、金钱情况如何？
……

孩子们回答的内容往往都是积极正面的，如热心助人、学习努力；同时也有一些外在因素，如长得漂亮（帅）、会打球、会跳舞等；还有就是对自己的关心。也有一些孩子因为有共同的经历，如家庭离异、父母严厉、在班里不受重视等。更多的孩子会说，他们"早恋"有收获，会互相帮助，特别是在学习上约定的共同努力。其中还有一些其他的感人故事。

家长还要有策略地询问孩子的交往情况，以及物质和金钱方面的往来情况。从这些表述中，家长可以了解孩子的这些过程是良性的，还是其他。良性的"恋爱"，主要体现在双方对彼此都有感情的吸引，都是自愿的，是互相促进并积极向上的正能量，行为是谨慎的，例如，在学校正常接触，同时与其他同学也正常交往，只是他们双方交往得多一些。反之，就是家长要坚决阻止的。

（2）规范外在行为。对于已经"早恋"的学生，家长要做到"内外有别",在内理解他们的情感,懂得"早恋"对孩子的影响;在外要规范行为。家长最好与孩子一起商定规则,共同遵守。

首先,家长要通过自己和他人的经验教训,让孩子知晓早恋对生活和学习的影响,要求孩子在学校里要遵守校规,不能在学校有明显的接触现象。如果造成不好的影响,家长表明支持学校的教育和处罚。

其次,减少孩子之间直接接触的机会,例如,家长接送孩子上学,周末陪伴孩子,减少孩子的外出,允许孩子之间电话沟通,不能有校内外过多的"一对一"行为。

最后,要求两人在学习上要互相鼓励、互相帮助。男孩要有责任感,要对自己所有的行为负责任,女孩要保护好自己;不能向对方索要贵重礼物,也不要接受贵重礼物;孩子要与家长保持良好的沟通。

如果孩子已经开始"早恋",家长就要从心理上接受这件事情,让孩子获得安全感。只有这样,当孩子遇到困难时,他们才会告诉父母,不至于独自去面对和解决复杂的问题。

如果家长不停地抱怨孩子,并且把孩子所有的不好都归结到"早恋"上,最终孩子遇到严重问题的时候,家长不知情,根本不能保护好孩子。

3. 家校协助,不断调整

孩子"早恋",家长可以根据情况决定是否需要告诉老师,要注意保护孩子的自尊和隐私。一般情况下,老师先发现孩子"早恋"。学校和家庭要携手帮助孩子渡过这个关键时期。

家长与老师沟通,双方对孩子的行为做出一致要求。

在学校,老师让孩子参加更多的社会活动,接触更多的人和事,开阔孩子的视野,陶冶心灵,这会取得到意想不到的效果。

有一个女孩,过早地陷入"早恋"之中,她喜欢的男孩不仅学习成绩好,还爱运动。女孩的学习成绩直线下降,无论老师和家长如何劝说,都没有效果。假期,老师与家长商量,给女孩报了一个优质学生的夏令营。夏令营归来,女孩明显对对方没有之前那样痴迷,她说:"以前以为他是最好的，现在发现很多男孩也有他的特点，并且这些男孩子现在都把精力放在学习或者更有意义的事情上。我也要努力。"

家长与老师都是互相的调节人。如果父母与孩子在家里有矛盾，可以告诉老师，让老师帮助调节；同样，如果孩子在学校发生什么事情，家长也帮助调节，让孩子平稳地度过这个阶段。

♥ 学会分手，尊重别人，保护自己

我在学校多次遇到孩子们因为早恋分手而出现一些问题和矛盾。

两个学生，在校外公园里谈分手，女孩历数在与男孩交往过程中男孩的各种不是，并说自己是"瞎了眼"才与他交往。这个男孩气不过，当时就出手把女孩打伤了。

还有两个孩子已经分手，后来男孩对其他人说了一些他们交往过程中的私密事情，女孩很受伤。女孩同样把他们交往的事情说出来，双方互相诋毁。

……

据上海市一份针对大学生的调查发现，10%左右的孩子在初中谈过恋爱，30%的孩子在高中谈过恋爱，这些孩子中有80%以上已经分手。

青春期孩子的"早恋"是他们开始对异性交往的尝试，这种关系一般是纯洁的，同时也是不成熟的。恋爱是需要心智健全才能处理的问题，所以早恋的成功率很低，也是正常现象。

孩子们分手的原因多种多样，大体与成人分手的理由一样。有孩子曾经对我说："她脾气很急躁，一点事就发火。""她喜欢买一些没有用的东西，我还是学生负担不起。""她妈妈说我的学习不够好，我想专心学习。"等等。

家长引导孩子学会和平分手很有必要。

首先，在思想上要想到曾经的美好，持有和平分手的态度。

其次，选择合适的时机，同时感谢在交往过程中，对方给自己的付出和温暖。然后找到合适的、让对方容易接受的理由，如"父母不同意""最近成绩下降"等，确保这些理由是真实且无法改变的，清晰地表达你的决定，双方保持尊重和理解。避免使用攻击性或指责性语言表达感受和决定。倾听对方的反应，给予对方充足的时间来表达他的感受和想法。

最后，双方应协商处理好彼此之间的纠葛，如礼品等，做到不拖不欠，避免未来的纠纷和矛盾。即使分手，也应该保持友好和尊重，表达对对方未来的祝福。

有两个初三的孩子，关系一直很密切。两人的共同点是都能够为别人着想，不同的是女孩的成绩更好一些。初二时，双方家长知道了两人的情况，也做过思想工作，希望两人分手。但是，他们说，他们是互相帮助，并约定一起考取理想高中，平时学习上也互相督促。于是家长没有强求两人分手。

他们考上了同一所高中，并且被分到了同一个班级，男孩发现女孩在性格上有很大变化，也感觉到来自女孩家长的一些压力，但男孩不知道怎么跟女孩说，于是他请教他的母亲。后来男孩友好地提出了分手，他们也能如平常同学那样交往。

有分手，就有被分手。有时候，分手的学生比较有教养，分手的方式很平和，是孩子能接受的；但是有时候的分手方式并不能被接受，在这段感情中，付出多的一方就会有委屈、屈辱的情绪。家长要理解和关心孩子，不要指责，要给予安慰；也让孩子静下心来思考，分析原因，从中获得成年后恋爱的经验。家长还要告诉孩子，未来世界更宽广，让他们继续相信爱情；分手之后，双方要保持克制，与人为善，不说诋毁对方的话，懂得"分手见人品"的道理。

面对欺凌，如何坚决地说"不"

这些年，新闻中不断播出学生欺凌的恶性事件。

前几年，广西贺州的江边，高一女孩慧慧，纵身一跃，将生命定格在16岁。她的父母失去了唯一的女儿，他们读着女儿的遗书，悲痛欲绝，"长时间被同学孤立；在厕所被水泼过；被无数人嘲笑辱骂。"然而，这些事情，父母一直以来没有丝毫察觉。

或轻或重的类似事情，在校园时有发生。

学生欺凌，是世界性的教育难题，据联合国教育机构调查统计，有些国家在校生被欺凌的比例在25%左右，我国目前没有这类数据。

有时候学生欺凌，就发生在我们身边。但我们常常感觉学生欺凌没有这么严重，其中一个原因是我们常常只把恶性欺凌称为学生欺凌，还有一个原因是有时候欺凌是阶段性的，也许这段时间被欺凌，过一段时间又停止了。

学生欺凌指的是学生间一方单次或多次蓄意或恶意欺负另一方，造成身体伤害、财产损失或精神损害等的事件。这种伤害对孩子有长期的不利影响，不仅身体健康受损，受害者往往会出现恐惧、焦虑、抑郁等心理问题，造成学习成绩下滑，社交能力受限，对形成健全人格产生不利影响。

欺凌不仅包括我们常常听说的身体欺凌，进行肉体伤害；还包括一些语言欺凌，如长期喊叫侮辱性外号、讽刺、谩骂；更包括社交欺凌，如忽视、孤立孩子；也包括钱财欺凌，索要钱财等；现在还有网络欺凌，在网络上散布不雅照片、造谣、攻击和谩骂等。

欺凌常常是以强欺弱，以多欺少，从轻微到严重都有。很多学生欺凌都很隐蔽，家长和老师开始并不知晓，往往事件已经发展到一定程度，或视频上传到网上，更有甚者失去生命，大家才知晓，感到震惊，引起广泛关注。

青春期是孩子们人生最美好的时期，也是他们人生最为动荡的时期，是学生欺凌的多发时期。我们看到的大量曝光欺凌事件也是这个时期出现的，影视作品也如此，其欺凌恶劣性最大。

那么，作为家长，怎样防止孩子被欺凌？怎样从各种现象中发现孩子被欺凌？如果孩子被欺凌了怎么解决？同时怎样防止孩子成为欺凌者呢？

一、被欺凌的孩子有什么特点

通过国内外的研究发现，被欺凌的孩子有多种情况，但归纳起来主要有以下几类。

第一类是性格内向、孤僻。这类孩子通常不善言辞，缺乏社交支持系统，容易被孤立和排挤。

第二类是性格软弱、敏感、胆小。这类孩子面对不公平对待时习惯性顺从和忍让，缺乏自我保护意识。

第三类是与众不同的孩子。这类孩子无论是外貌、穿着、兴趣爱好还是学习能力都与众不同，进而遭受排挤和嘲笑。在追求群体认同的青春期，这种独特性往往被放大为"不合群"，成为欺凌的导火索。

弱小或有生理缺陷、学习成绩差等也可能受到学生欺凌。

总体来说，这些孩子交往能力弱，他们可能无法有效表达自己的感受和需求，也无法有效阻止或反击欺凌行为，从而陷入被动。他们由于缺乏朋友的支持和保护，更容易成为欺凌的对象。

据我国防止学生欺凌的专家介绍，他们在调查的时候发现一个特殊案例，河北省一个首富的孩子，在学校被其他孩子欺凌，就因为他的年龄比较小，也显得比较幼稚。

提升孩子的社交能力是关键，既关系到孩子目前在学校的学习和身心健康，也关系到未来的身心健康。社交能力强的孩子往往被欺凌的可能性很小。

曾经有一个学生,他的父亲是军人,读书期间,他随家人转战南北,多次转学,从来没有被欺凌,并且到一个新地方就能吸引其他同学,特别受欢迎,他是一个特别开朗大方且善于交朋友的孩子。

所以,家长防止孩子被欺凌的首要任务就是教会孩子学会交往。

我们在前几节介绍了青春期早期孩子很渴望加入一个群体,以及如何帮助孩子加入一个群体。如果孩子暂时不能加入某个群体,我建议孩子要结交1~2个非常要好的朋友,这种结交对孩子非常重要。

英国哲学家安东尼·格雷林在《友谊》一书中,探索了一个人的关系圈,共四层,结合学生的实际情况,让学生理解,并用于实际中,如图6-1所示。

图6-1 关系圈

最中心的是亲密圈。他们会无条件地支持和帮助你。你的家人和密友,是你信任的对象,亲密圈人数上限5人。要让孩子在学校结交1~2个要好的密友。

其次是友谊圈。你愿意花费时间、精力去交流,需要时互相帮助和支持。友谊圈人数上限10人。让孩子在班级内结交5~10个更亲密一些的朋友,也可以是一个小群体,有共同的要求、目标。青春期早期孩子特别愿意被一个群体所接纳。

再次就是参与圈,是一般的社交圈。你能够记住喜好、习惯和基本信息的熟人圈。参与圈人数上限 35 人。孩子结交的主要是本班的一些同学。

最后是外围关系圈。这一层关系最为松散，通常是由那些偶尔接触或只在特定场合认识的人组成，多为点头之交。例如，偶尔遇到的熟人、社交媒体上的联系人等。外圈关系圈人数上限是 100 人。主要是孩子在学校见过又接触的其他班级的同学。

一个青春期孩子，在学校，最起码要拥有亲密圈 1~2 个具有真正友谊的同学，能做到真诚相待、互相帮助，在关键时刻能向他们倾诉孩子心中的秘密和互相保护。如果同时能被一个小群体接纳，有共同的荣誉感，加上和谐的家庭亲子关系，让他们有归属感和安全感，则是最佳的情况。

二、怎样从细微之处，发现"被欺凌"

家长对孩子在学校的情况，既不要掉以轻心，不闻不问，也不要遇到事情就放大，感情用事，要理性对待。

有一天，曹珊回家对父母说，她在学校常常被几个同学挖苦，她们还要求其他同学不跟她玩。妈妈没有重视这个事情，对孩子说："学校是学习知识的地方，你把自己学习搞好就行了，不管其他同学怎么对待你。"后来孩子越来越孤僻，以至于有一次在学校被打，家长才后悔，她并不知道孩子在学校，内心是多么痛苦，才向家长求救。

孩子往往是在学校受到很大委屈才告诉家长，所以家长一定要重视，帮助孩子寻找恰当的应对方法。

相当一部分孩子受到欺辱时会隐忍，所以需要平时建立良好的亲子关系，家长多观察。如果发现以下一些现象，要高度重视，并了解情况。

身体伤害：注意孩子身上是否有无法解释的外伤，如瘀伤、抓痕等。这些伤痕可能是孩子遭受身体上的欺凌所致。

财产损失：观察孩子的个人物品是否经常丢失或损坏，或者常要零花钱，零花钱又突然大量减少，这可能是孩子遭受财产方面的欺凌。

精神损害：注意孩子的情绪变化，如变得沉默寡言、情绪低落，或者出现失眠、噩梦等睡眠问题。这些可能是遭受精神欺凌的表现。

行为变化：如果孩子突然变得不愿意上学，或者对学校产生恐惧，这可能是孩子在校园中遇到了不愉快的事情，有时候伴随着学习成绩下滑等现象。

行为孤单：孩子平时没有朋友，抱怨其他人对自己不好。

身体不适：孩子可能会因为压力和恐惧而出现非理性的身体不适，如腹痛、腹泻等。

特殊爱好：孩子在绘画中展现强有力的人物，而自己则画得非常弱小，或者画蛇、火等象征性图案，这可能是孩子在现实生活中感到被孤立和无助的反映。

当家长注意到这些迹象时，应及时与孩子沟通，了解情况，并考虑寻求老师的帮助。预防校园欺凌，需要家校协作，家长加强与孩子的沟通，同时教育孩子如何应对欺凌。

三、被欺凌后，如何面对

谁都不希望学生欺凌发生在自己孩子身上，但是一旦发生后，家长、老师的处理方法非常重要，好的方法能够彻底地制止欺凌，让欺凌者受到教育和惩戒，同时提升自己孩子的能力；如果处理不当，既解决不了问题，还有可能给孩子带来二次伤害。

1. 不同情况，具体处理

学生欺凌从轻到重有多种，处理方法也各不相同。

目的只有一个，对学生欺凌坚决说："不！"。

如果遇到其他同学给自己孩子取不雅外号，并经常喊这个外号，也就是我们说的语言欺凌，可以指导孩子自己解决。孩子一直敢怒不敢言，家长站在孩子这一边，做他的后盾，让他鼓足勇气，严肃地告诉他们，"我不喜欢你这样称呼我"。让孩子学会表达自己的情感，增强孩子自己解决问题的能力。

有一些情况，也可以先指导孩子自己解决，如达不到效果，家长再干预。例如，有一名学生回家跟妈妈说，班里有一个同学经常把鞋放在他的书桌桌堂里。妈妈让孩子先跟该学生提出要求，再跟老师说，后来老师批评了这个学生，这个孩子停止了这个行为。

如有其他孩子开始撩拨你的孩子时，这是欺凌者在试探，看是不是可以被欺负的人。这种情况主要以帮助孩子自己解决为主。国内外专家目前比较推崇的方法是，怒视欺凌孩子，迅速离开，也可忽视欺凌者，尽快离开，让他感觉自己是个不好惹的人。

这个时期建议不要对打，因为往往欺凌者是多人。另外，让孩子与其他同学建立朋友关系，不要脱单，防止发生再次被撩拨的情况，要学会说"不"，在校内或者校外要跑到人多的地方。

不可控情况。如果孩子被撩拨没有能力控制，家长要果断出手，告知老师，与老师探讨解决方法，与学校一起解决问题。还要与对方家长联系，共同解决问题。在我遇到的家长中，绝大部分家长都能正确对待，配合学校教育学生。

网上被欺凌。如果孩子被欺凌的事情在网络上传播，需要保留证据，并迅速与学校和家长联系，尽快消除影响。

如果欺凌情况很严重，或者孩子受到严重伤害，那就需要迅速采取法律手段解决。

2. 家校携手，正确解决问题，保护孩子

现在全社会都非常重视防止学生欺凌，一旦出现，学校和老师都会坚决制止，对欺凌者进行批评教育和惩罚。很多家长也能配合学校，做好被欺凌者的安抚和欺凌者的教育工作。

社会上也会出现一些不和谐声音，如有的家长说学校不重视，袒护欺凌者。

其实学校的态度是坚决对学生欺凌说"不"，上级主管部门也管理很严。

学校在处理学生欺凌事件中，会根据校纪校规进行教育和惩戒。因为很多欺凌事件，有轻有重，常常是在班级内或者一个学校发生的，事件发生后，又不能开除学生，他们还在一个空间生活和学习，今后免不了交往；而且绝大多数欺凌者和家长比较配合学校的教育，（如果遇到没有配合教育的家长，请参考：重视"小霸王"教育，免后患）同时青春期孩子也是需要在教育中成长的。所以，教师教育是理性的，一般根据情况，进行教育和处罚。绝大部分欺凌者经学校批评教育和处罚后，都能充分认识错误、改正错误，并与被欺凌者友好相处。

孟桐个子不高，性格内向。有一天，他的妈妈发现他额头有一处轻微的擦伤并有些发青，联想到孩子最近一段时间心情特别不好。通过询问，孩子悲愤地说，班里有个个子高的同学，每次见到他，都找他要钱，没有钱就要他磕头，今天放学时，让他磕了20个头。

听到这些，妈妈气得当时几乎要晕厥过去，马上把孩子爸爸喊回来，让他去把那个同学打一顿。好在孩子爸爸比较理智，觉得事情是在学校发生的，首先应该找老师解决问题。他们马上到学校找班主任反映情况，并提出了三个要求：一是迅速制止，不能再发生；二是学校对欺负他家孩子的同学进行校级处分；三是提出经济上对孩子的身体和精神进行补偿。

班主任是位有丰富经验的老师，非常重视，当即就进行了调查。一方面辅导家长回家安抚孟桐，另一方面向学校反映，根据校规制订处理方案。同时迅速与对方的家长取得联系。

最后三方坐在了一起，对方的家长也非常痛心，认识到自己没有教育好孩子，给孟桐带来了伤害，他们真诚地鞠躬向孟桐的家长道歉，表示服从学校对孩子的处理决定，并给孟桐家适当的经济赔偿，承诺今后要加强对孩子的教育，说如果再发生这种事情，就将他送到公安机关接受处理。通过这件事，欺负者也认识到问题的严重性，诚恳地向孟桐及其家长道歉，并表示今后绝不会再欺负同学。

班主任老师也提议，以后两人要互相帮助。欺负者以后要在体育和体力方面帮助孟桐，平时维护孟桐，弥补对孟桐的伤害。

事后，两个孩子都兑现了当时的承诺。个子高的孩子经常在学校大扫除帮助孟桐。孟桐的数学成绩比较好，有时他们在一起探讨学习问题。孟桐通过这件事，也注重与同学的交往，懂得出了事不要怕，一定要及时告知家长和学校，与家长和老师做好沟通。

以上是一个很好的解决学生欺凌的案例。当家长得知自己的孩子受到欺负时，难受、愤怒是可以理解的。但最主要的是家长要懂得如何制止欺凌的延续，然后配合学校和老师教育惩戒欺凌者，防止以后发生类似的情况，重要的是让孩子从中获得成长。

3. 孩子被欺凌后，解决问题的步骤

家长发现孩子被欺凌时，首先是安抚孩子的情绪。这样的事情对孩子心灵的伤害非常大，他们很自卑，需要家人同理心并给予支持。家长可以这样说，"发生这样的事情你一定非常难受。""但是不是你的错。""家人和老师会帮助你。"

家长千万不要说："你看你那个样儿，为什么不欺负别人？""为什么不早说？""为什么不打回去？"当一个孩子受到比较严重的伤害时，都是在力量悬殊比较大的情况下发生的，孩子要是能打回去，早就打回去了。况且如果孩子再打回去，可能双方会发生更大的伤害。家长要告诉孩子见机行事，告诉家长或者老师。

其次，寻找解决问题的帮手。我们在遇到这些事情时往往没有经验，情绪也比较激动，所以需要有人帮助。可以是比较理性的朋友，能从多角度看问题。最好是老师，老师处理类似问题比较多，经验丰富。现在学校对学生欺凌非常重视，一般会很认真地、妥善地、公平公正地解决。

最后，要尊重学校的处理方式。一般可控的欺凌，学校是按照校纪校规来处理的，也是以发展的眼光来处理问题，坚持教育为主，惩戒为辅，考虑到孩子当前与以后的学习和发展，努力把坏事变成好事。就如孟桐后来得到了对方的帮助一样，双方都得到成长。

既不要"虎头蛇尾"在学校没有给出明确的批评教育，或者道歉就结束；也不要"得理不饶人"，否则就把对方真地推到了对立面。一般情况，学校解决不了，再想别的办法。我不建议轻易把孩子们的问题透露给媒体，一般人很难驾驭现在的媒体，关键是这件事闹大了，会不会真正全面地有利于孩子事情的解决，也许还会让你的孩子留下阴影，对他日后的生活和学习产生影响。

当然，遇到严重的欺凌通过法律方式解决是最正当和最有效的方法。

"小霸王"孩子的教育有章可循

如果你的孩子是欺凌者，也就是"小霸王"，你是应该高兴还是发愁呢？

有一些家长并不重视这个问题，甚至认为自己的孩子欺凌别人是能力强，自己不会受欺负，而且以后在社会上更容易生存。这样的想法非常危险，会促使孩子在走向社会后危害家庭和社会。

我们知道，欺凌的行为和习惯一旦形成，其祸患无穷。一旦发现，学校会进行严厉的批评教育，孩子的声誉会受到严重影响。

国外权威专家研究发现，学生时代的欺凌者，成人后有 10% ~ 20% 的人进了监狱；男性有 60% 的人是家暴者；他们的生活和工作都不如意。原因是他们形成了一种以强欺弱的理念，没有学会正确解决问题的方式，没有掌握情绪控制的正确方法，而这些习惯在现代社会是无法很好地生存和发展的。

一、成为欺凌者的原因

校园的欺凌者往往都是某个方面能力较强的一方，他们可能体力强壮或聪明，或社交能力强。有时候能一对一地欺负同学，有时候能集结多个孩子去欺负一个同学。

男生和女生都有，男生以暴力形式为主；单独女生因为体力上并没有优势，她们采取的方式更加多样，如散布谣言、漠视、网络欺凌等。多个女生一起也不排除暴力，网络上我们看到很多女生群体欺凌其他孩子的视频触目惊心。2014 年，震惊中美的留学生欺凌案件就是以一个女同学为首的群体的欺凌事件，最后参与的 14 名学生都受到了法律的制裁。

成为欺凌者的原因多种多样。

青春期孩子容易对其他学生的言行解读出现偏差。心理学研究，有暴力倾向的学生过分敏感，更容易认为别人是针对自己，并且是恶意的。例如有的孩子，别人看他一眼，他都以为别人是针对他的。

有的孩子身体强壮，同时缺乏良好的家庭教育，他们本能地用拳头解决问题。

部分学生情绪控制能力弱，自己情绪受到刺激，就转向别人。有一个男孩一直喜欢一个女孩，但是女孩子不理他，他就把气撒在另一个同学身上。

还有的孩子是受家庭的影响，家长"言传身教"，父母解决问题的方式简单，脾气大，谁厉害谁说了算，常有要给别人点颜色看看的想法。

甚至有的孩子曾经自己被欺凌，后来转变成欺凌者。我校曾经有一个初中生，被高中学生要钱后，他转而向小学生要钱。

二、如何避免成为欺凌者

一般的欺凌现象是可以预防的，出现欺凌现象后，孩子可以通过教育和处罚手段进行校正。当然，严重的欺凌现象对方可以通过法律方式解决。

1. 培养"友爱"的孩子

培养有爱心、有同理心的孩子是避免成为欺凌者的首要和最重要方法。

欺凌别人的学生往往以自我为中心，不考虑别人的感受，把自己的快乐建立在其他同学的痛苦上，或者把自己的痛苦转嫁到其他同学身上。这样的孩子往往在家里缺少足够的爱，他们缺乏换位思考的能力，缺乏同理心和共情能力，是品德教育缺失的一种表现。

现实中，有良好校风的学校，学生欺凌现象会下降。校风好的学校学习氛围浓，学校注重孩子们的品德教育，培养正直、善良、友爱、宽容的品质。这样即使出现欺凌现象，也会有更多旁观者站出来制止。

以此推演到家庭，家长要创造一个充满爱、支持和理解的家庭环境，让孩子感受到家庭的温暖，培养孩子建立助人为乐的观点。

"小霸王"的家长们有的行为正好相反。我校有一个孩子在学校欺凌其他同学，后来老师与家长一起分析时，他的父亲进行了反思，他心情不好的时候，容易发火，孩子只要做错一点事情，就打他，所以孩子也学会了。

父母之间要相互尊重、理解和包容，不互相伤害。家长平时要倾听孩子的内心声音，有同理心，能共情。也可以通过故事、电影、角色扮演等方式，鼓励孩子换位思考，体会别人的感受和需求。

家长要教给孩子学会解决问题的方法和控制情绪的方法。当孩子遇到冲突时，引导他们用积极的方式解决问题，如沟通、协商和妥协。让孩子明白，冲突是可以通过理解和合作来解决的。

有一次，有一个班的几个同学，打了其他的一个同学。学校对他们进行批评教育和处罚。但他们却振振有词，说被打同学说了他们的坏话，他们打得有理。班主任老师给这些学生提出了几个问题，让他们讨论："打别人是一种解决问题的方法，这种方式有什么好处？有什么坏处？""还有没有其他更好的解决方法？""校纪校规是否允许他们这样做？"后来他们得出，这种方式是最低级的解决方法，既不能解决问题，也让自己犯了错误，完全可以通过其他方法来解决。

2. 做好预防学生欺凌的宣传教育

现在学生欺凌事件已经引起了人们的高度重视，无论是学校还是家庭都要对孩子提前教育。如果出现类似事件，各种媒体上都会报道，家长可以抓住机会，既要对孩子进行保护自己，不要被人欺负，也要防止孩子成为欺凌者。

家长要明确告知孩子不能欺负人，不仅包括肉体伤害，也包括心理上的伤害，如侮辱人、孤立人等行为。让孩子知道欺负人是错误行为，并会受到处罚。

家长平时为孩子设定明确的行为规则和界限，让他们知道什么是可以做的，什么是不可以做的。这些规则应该包括行为准则、社交礼仪以及家庭责任等方面。坚定地执行这些规则，确保孩子能够遵守并理解其重要性。对于违反规则的行为，要给予适当的教育和纠正，同时强调正确的行为方式。

3. 严肃处理欺凌事件

一旦孩子出现欺负人的事件要认真对待，严肃处理。

首先防微杜渐，出现小的问题及时教育，一是从思想上教育，认识到错误；其次对其进行警告和一定处罚，如让孩子用自己的钱给对方补偿。

当出现比较严重的欺凌事件时，要严肃处理，服从学校的处理决定，要认识到是学校和对方家长在帮助和教育孩子，帮助孩子建立尊重别人和规则意识。永远记得对孩子的教育一定是思想教育在先，只有他们意识到问题的严重性，才能真正地承认错误；只有知道了做人的态度和解决问题的方法，以后才能改正。教育和处罚要两手抓。

我校有一名学生在球场上打球时与另一名学生发生冲撞，再加上他平时就看他不顺眼，后来他把对方打了一顿。我们在与他家长沟通时，他妈妈说：这个孩子小时候脾气就特别大，别人不能惹他，到高中了还改不了。学校根据他的情况，进行了深入沟通，严肃地批评教育和处罚。告诉他如果到社会上还不改变，他的聪明和体力会用错地方，既害别人，又害自己，会受到社会的惩罚。后来这个孩子再没有出现这样的问题。这个孩子高考后感激地对我说："上次您对我的教育，让我知道了一些我以前没有想过的问题，我不后悔受到处罚。"

坚决杜绝孩子的欺凌思维和行为！这才是让孩子成长，爱护孩子的正确方法。

本书赞誉

书中满满都是解决青春期孩子问题的实用秘籍,助您轻松提升亲子沟通力,巧妙化解矛盾,将育儿"烦恼"轻松转化为生活乐趣。(何小英　畅销书作家)

本书用真实案例解析难题,亲子沟通、情绪管理、品行培养、学习提分等,24个实操方案帮家长解忧。看完这本书就明白,孩子长大成人,都要和父母有一场冲突,用发展型思维化解矛盾就能突围。(秋叶　秋叶大叔品牌创始人)

"青春期遇到更年期"实际上是孩子与父母共同面对的成长烦恼。此时孩子和父母都处在自我同一性发展的关键阶段,他们会对自己、社会、心理进行反思、重构,可能会遭遇各种困惑和不安。这本书是从发展型思维的视角,娓娓道来父母如何通过自修、陪伴、示范、引领青春孩子,共破同一性发展危机,实现跨越式共同成长。(张凯　北京体育大学心理学教授,主持和参加国家奥运会心理服务)

周瑾老师以三十多年一线教师的经验,通过一个个真实案例,带我们走进青春期孩子的内心世界,也提供了可借鉴、可落地的陪伴方法。这是一部温暖而实用的成长指南,推荐给愿意与孩子共同成长的父母与教师。(弘丹　畅销书作家)

本书融合了心理学与教育学智慧,为家长提供实用解决方案。无论是沟通障碍还是学习焦虑,这本书都能帮助家长找到破局之道,陪伴孩子顺利跨越青春期,实现共同成长。(聂荣芬　《优势养育:激发孩子的内在潜能》作者)

周瑾校长敏锐捕捉到家庭教育对青春期的关键，以温暖笔触引导家长以"学习者"心态重新出发，以父母之心去理解、共情、调整。当我们以开放姿态拥抱这场"家庭成长课"，既能为孩子构建和谐的亲子关系，更能读懂万千青春生命，让教育真正成为滋养生命的温暖旅程。（宁立群　北京市上地实验学校原德育副校长）

在科技重塑教育的今天，这部作品为家庭教育提供了珍贵的"人文锚点"，它不仅是家长的行动手册，更是教育从业者的必读指南。当 AI 成为孩子的"亲密伙伴"，让我们都来掌握家庭教育"算法"的核心代码吧。（高翔　北京大学毕业生，讯飞幻境科技公司总裁）

本书以真实校园案例为切口，手把手教家长与学校形成教育合力——从读懂叛逆信号到共设成长目标，让家庭成为学校的"延伸课堂"，助孩子在家校共振中突破青春期迷雾，实现跨越式成长！（周然　北京市海淀区高中生物学科总督学）

周瑾校长深谙青春期孩子的心理密码与教育痛点，她将丰富的实战经验与心理学知识、教育学理论相融合，引导家长从"问题解决者"跃升为"成长型伙伴"。（王建宗　北京市特级教师）

这本书用真实教育案例、科学育儿理论和实操方法，手把手教家长用"既有爱又立规"的智慧，一步步帮孩子跨过成长坎，让青春期变成亲子共同进步的黄金期。（红英　《读出学习力：高分孩子的阅读课》作者）